Anne Keiner

Das Theater der Unterdrückten als Impuls für eine emanzipatorische Supervision

BERLINER SCHRIFTEN ZUM THEATER DER UNTERDRÜCKTEN

Herausgegeben von Harald Hahn

ISSN 1863-2106

5 *Hjalmar Jorge Joffre-Eichhorn*
Wenn die Burka plötzlich fliegt
Einblicke in die Arbeit mit dem Theater der Unterdrückten in Afghanistan
Zweite, überarbeitete und erweiterte Auflage
ISBN 978-3-8382-0472-7

6 *Birgit Fritz*
Von Revolution zu Autopoiese: Auf den Spuren Augusto Boals ins 21. Jahrhundert
Das Theater der Unterdrückten im Kontext von Friedensarbeit und einer Ästhetik der Wahrnehmung
ISBN 978-3-8382-0553-3

7 *Linda Ebbers*
Darstellende Kunst und zivile Konfliktbearbeitung
Das Theater der Unterdrückten als kreative Methode der Konflikttransformation
ISBN 978-3-8382-0566-3

8 *Claus Schrowange*
Art and Conscientization
Forum Theatre in Uganda, Rwanda, DR Congo, and South Sudan
ISBN 978-3-8382-0797-1

9 *Harald Hahn (Hrsg.)*
Theater der Unterdrückten als Mosaikstück gesellschaftlichen Wandels
Einblicke, Ansichten und Projekte
ISBN 978-3-8382-1215-9

10 *Anne Keiner*
Das Theater der Unterdrückten als Impuls für eine emanzipatorische Supervision
ISBN 978-3-8382-1360-6

Der Reihenherausgeber:
Harald Hahn: Diplom-Pädagoge, Systemischer Berater, Theater- und Kulturschaffender aus Berlin. Gründer des Legislativen Theater Berlins.
Kontakt: www.harald-hahn.de

Anne Keiner

DAS THEATER DER UNTERDRÜCKTEN ALS IMPULS FÜR EINE EMANZIPATORISCHE SUPERVISION

ibidem
Verlag

Bibliografische Information der Deutschen Nationalbibliothek
Die Deutsche Nationalbibliothek verzeichnet diese Publikation in der Deutschen Nationalbibliografie; detaillierte bibliografische Daten sind im Internet über http://dnb.d-nb.de abrufbar.

Bibliographic information published by the Deutsche Nationalbibliothek
Die Deutsche Nationalbibliothek lists this publication in the Deutsche Nationalbibliografie; detailed bibliographic data are available in the Internet at http://dnb.d-nb.de.

ISBN-13: 978-3-8382-1360-6

Printed in the EU

„Im täglichen Leben ist „wenn" eine Fiktion, im Theater ist „wenn" ein Experiment."

Peter Brook [1]

'Wenn es einen Wirklichkeitssinn gibt, muss es auch einen Möglichkeitssinn geben. [...] Wer ihn besitzt, sagt beispielsweise nicht: Hier ist dies oder das geschehen, wird geschehen, muss geschehen, sondern er erfindet: Hier könnte, sollte oder müsste geschehen. [...] So ließe sich der Möglichkeitssinn geradezu als die Fähigkeit definieren, alles was ebenso gut sein könnte, zu denken und das, was ist, nicht weniger zu nehmen als das, was nicht ist.'

Robert Musil [2]

---

1 Brook 1983, 187

2 Musil 1932 zit. in Haye/Kleve 1998, 79

Vorwort des Reihenherausgebers

In den letzten Jahren wurden vermehrt Theatermethoden in Therapie und Beratung eingesetzt. Dass Theatertechniken hilfreich für die Herstellung seelischen Wohlbefindens sein können und Veränderungsprozesse auch mit der Hinzuziehung von Körperlichkeit und Emotionen, die theaterpädagogische Prozesse auslösen, begleitet werden können, ist inzwischen unbestritten. Diese Erkenntnis gilt für das Psychodrama von Jakob Levy Moreno schon immer. Mit dem „Regenbogen der Wünsche" schuf der Begründer des „Theaters der Unterdrückten", Augusto Boal, eine Brücke zwischen internalisierter Unterdrückung, eine Reise in die Innenwelt sozusagen, bei welcher er erstmals nicht das Handeln, sondern die Analyse in den Vordergrund stellte, und den Methoden des Polizisten im Kopf. Das war auch ein Versöhnungsangebot an Moreno, dessen Methoden Boal lange Zeit als Anpassung an das Gesellschaftssystem interpretiert hat. Folgerichtig widmet er das „Regenbogen der Wünsche"-Buch auch Zerka Moreno, der Witwe von Jakob Levy Moreno.

Fakt ist: Die Methoden von Augusto Boal werden seit Jahren in unterschiedlichen Kontexten weltweit adaptiert und angewendet. Ob in Kanada von David Diamond, der, inspiriert von Augusto Boal, sein „Theater zum Leben" entwickelte, oder im deutschsprachigen Raum, wo es inzwischen viele Anbieter*innen des sogenannten Unternehmertheaters gibt, in dem auch mit Techniken des „Theaters der Unterdrückten" gearbeitet, deren Herkunft aber häufig unterschlagen wird – oder die Methoden einfach gleich anders benannt werden.

Der Kontext, in denen emanzipatorische Theaterarbeit eingesetzt wird, macht den Unterschied. Anne Keiner stellt in dieser Publikation das „Theater der Unterdrückten" in den Kontext von Supervision. Sie gibt im ersten

Teil des Buches einen umfangreichen Einblick darin, was Supervision und was „Theater der Unterdrückten" ist. Vor allem zeigt sie auf, dass Supervision einen emanzipatorischen Anspruch hat und, was in neoliberalen Zeiten umso wichtiger wird, dass auch Supervision auf einem ethischen Grundverständnis fußt: Es geht eben nicht darum, mit theatralen Methoden Akzeptanz für die „Flexibilisierungszumutungen" zu fördern, die das neoliberale Gesellschaftsmodell zunehmend einfordert.

Die Publikation *„Das Theater der Unterdrückten als Impuls für eine emanzipatorische Supervision"* ist für mich als Begründer der „Theatralen Supervision" auch eine große Bereicherung. Denn wenn ich als Supervisor mit meinem kreativen Ansatz Supervisionsaufgaben übernehme – wie z.B. Fallbesprechungen und/oder Teamtage zur Teamentwicklung –, verwende ich eine andere Sprache als wenn ich eine Fortbildung zum „Theater der Unterdrückten" anleite. Auch der Fokus ist natürlich ein anderer. Gerade die partizipativen und kreativen Theaterelemente aus dem „Theater der Unterdrückten" befruchten die klassische Supervision und schaffen Räume zur Stärkung professionellen Handelns.

Anne Keiner hat sich die Mühe gemacht, die Methoden aus dem „Theater der Unterdrückten" in der Supervision näher zu beleuchten und zu untersuchen. Das Ergebnis kann sich sehen bzw. in den Berliner Schriften zum Theater der Unterdrückten lesen lassen. Dieses Buch ist eine Bereicherung für Menschen, die sich sowohl für das „Theater der Unterdrückten" als auch für Supervision interessieren. Zum Glück gibt es viele soziale Einrichtungen in der Bundesrepublik, die Wert auf eine ethisch fundierte professionelle Supervision legen, so dass die emanzipatorischen Anteile des „Theaters der Unterdrückten" in Supervisonsprozessen Früchte tragen werden.

Danke, Anne Keiner, für dieses tolle Buch! Als Reihenherausgeber wünsche ich den Leser*innen viel Freude und Erkenntnis bei der Lektüre.

Harald Hahn im Sommer 2019

Geleitwort

Die vorliegende Studie zur Anwendbarkeit von Elementen aus dem „Theater der Unterdrückten" von Augusto Boal für die supervisorische Arbeit gibt den Leser*innen zum einen einen profunden Einblick in den aktuellen Fachdiskurs beider Gegenstandsbereiche. Diese werden auf den Ebenen Theorie, Haltung und Methodik beleuchtet, ihre geschichtlichen Entwicklungen aufgezeigt und ihre unterschiedlichen Ansätze kritisch gewürdigt.

Zum anderen besticht diese Arbeit durch ihre politische und ethische Positionierung. Zentrales Anliegen der Autorin ist nämlich eine emanzipatorische Ausrichtung der Supervision und eine dieser Orientierung entsprechenden supervisorischen Haltung. Wie das „Theater der Unterdrückten" ist auch Supervision ein Ort der Aufklärung. Deshalb geht es auch nicht darum, mit Elementen des „Theaters der Unterdrückten" einfach noch ein weiteres Tool neben anderen in die Supervision einzuführen, sondern mit diesem Ansatz eine Methode vorzustellen, die die Bedingungen der postmodernen Arbeitswelt nicht unreflektiert hinnimmt, sondern diese hinterfragt und nach neuen Erfahrungsräumen jenseits der Selbstoptimierungs- und Machbarkeitslogik im Arbeitskontext sucht. Dass das „Theater der Unterdrückten" nicht nur hervorragende Möglichkeiten bietet, in der Supervision kreativ und körperorientiert zu arbeiten, sondern zudem ein klar positioniertes Professionsethos zu entwickeln und den emanzipatorischen Gehalt von Supervision zu bewahren, wird exakt herausgearbeitet und ist das große Verdienst dieser Abhandlung. Dabei leugnet die Autorin aber auch die Herausforderungen nicht und widmet sich ebenfalls den Widersprüchen, zu denen es im Verhältnis von eigenem professionsethischem Selbstverständnis und den Bedingungen der aktuellen Arbeitswelt kommen kann und die es auszuhalten gilt.

Insgesamt gibt die Studie den Leser*innen einen kenntnisreichen und außerordentlich differenzierten Einblick in die Frage, wieweit das „Theater der Unterdrückten" für Supervision fruchtbar gemacht werden kann. Zugleich fordert sie die Leser*innen heraus, einen eigenen Standpunkt zu finden und sich unter den Bedingungen der Postmoderne ethisch zu positionieren. Deshalb ist der Arbeit ein lebhaftes Interesse in der Supervisionsszene und darüber hinaus zu wünschen!

Prof. Dr. Margret Nemann,

Studiengangsleitung des Masters „Supervision/Coaching" an der Katholischen Hochschule NRW

1. EINLEITUNG

Theater kann begeistern. Sich selbst theatral und spielerisch betätigen zu dürfen, hat mitreißende Wirkung. Dies gilt für das private Vergnügen – beispielsweise für den Besuch einer Theatervorstellung oder für die Teilnahme an einem Improvisationstheater-Workshop. Aber auch im Arbeitskontext scheinen solcherlei Wirkungen gewünscht zu sein. So konstatiert Heindl (2012) in seiner Studie zu theatralen Interventionen in Organisationen:

> *„Unterschiedliche Kreativtechniken, Rollenspiele bis hin zu Unternehmenstheatern und Aufstellungen kommen zum Einsatz und „sind kein exotischer Aufputz mehr." (ebd., 4)*

Die vorliegende Arbeit gründet in meiner persönlichen Begeisterung für das Theaterspielen und in dem Interesse, nach Möglichkeiten und Formen zu forschen, wie ich es auch in meiner Tätigkeit als Supervisorin methodisch nutzen könnte.

Im Speziellen wende ich mich der Frage zu, inwiefern das „Theater der Unterdrückten" (TdU) für die Supervision fruchtbringend eingesetzt werden kann.

Der partizipative Theateransatz des TdUs wurde von dem Brasilianer Augusto Boal in den 1980er Jahren begründet und systematisch ausgebaut. Seine Wurzeln liegen in der südamerikanischen Befreiungsbewegung und damit ist es geprägt von einer politisch-emanzipatorischen Zielsetzung und marxistischen Denkweise.

Bereits bei meinen anfänglichen Internet-Recherchen konnte ich feststellen, dass es offenbar eine Praxis der Nutzung von Boals Methoden für Theater sowie Beratung in beruflichen Kontexten gibt.

So zählen verschiedenste Anbieter von sog. Unternehmenstheatern[3] das Forumtheater Boals als eine ihrer Methoden auf. Nicht immer wird in diesem Zusammenhang ihr Begründer genannt oder gar der Name seines gesamten Konzeptes.

---

[3] Folgt man der Analyse von Hüttler (2005), so gab es im Jahr 2000 im deutschsprachigen Raum ca. 50 Unternehmenstheater. Bei ihm findet sich auch eine Auflistung des methodischen Repertoires dieser Anbieter (vgl. ebd., 66ff.). Mit G. Schreyögg (1999) können Unternehmenstheater auch als „Bedarfsorientierte Theaterarbeit in Unternehmen" definiert werden (vgl. ebd., 4).

Am Off-Theater NRW wird eine Fortbildung mit dem Titel „Das Theater Augusto Boals" angeboten. Sie firmiert als Zusatzqualifikation für Theater, Bildungsarbeit, Coaching und Therapie. Als Zielgruppe werden hier nicht nur Theaterschaffende sondern auch explizit „Supervisor/innen, Coaches und (Unternehmens-)Berater/innen" genannt. In den Erläuterungen zum Kurs werden zentrale Grundgedanken Boals wiedergegeben. Die Bezeichnung „Theater der Unterdrückten" fällt jedoch nicht. (vgl. Off-Theater NRW 2019)

Demgegenüber finden sich allerdings einzelne Beraterinnen und Supervisorinnen[4], die sich in ihrem Internetauftritt explizit auf Boal und das TdU berufen.

Bei der zu konstatierenden Anwendungspraxis der Boal'schen Techniken im Beratungskontext verwundert auf den ersten Blick v.a. die Nutzung eines ursprünglich politischen und sich klar *für* die Unterdrückten positionierenden Theateransatzes im Rahmen von Unternehmenstheatern in Profit-Organisationen.

Jenseits der offensichtlich bestehenden Praxis fand ich keine systematisierte nähere theoretische Beschreibung, in welcher Weise diese Übertragungen in den Arbeitskontext konzeptionell angelegt sind und ob sie Bezug nehmen auf die theoretischen Grundannahmen Boals.

Literatur zu Übertragungsmöglichkeiten in andere sozialpsychologische Arbeitsbereiche (Neuroth 1994, Haug 2005) fand sich hingegen durchaus, auch zu der theaterpädagogischen Anwendung (vgl. z.B. die Sammelbände Wiegand 2004a, Ruping 1991a) sowie Beschreibungen und Analysen des TdUs aus theaterwissenschaftlicher Richtung (vgl. Thorau 2003, Hüttler 2005).

Zu meinem professionellen Verständnis als Supervisorin gehört, dass ich mein beraterisches Tun konzeptionell einbinde in mein theoretisches Verständnis des Gegenstandes und in meine supervisorische Haltung. Laut Bergknapp (2016) stehen diese Ebenen in Wechselwirkung zueinander, durchdringen und beeinflussen einander rekursiv. Er erläutert sie folgendermaßen:

- Auf theoretischer Ebene: „Wie erkläre ich die Phänomene der Praxis?"

4 In der vorliegenden Arbeit wähle ich für allgemeine Personenbezeichnungen das generische Femininum.

- Auf praxeologischer/ Haltungs-Ebene: „Welche Schlussfolgerungen ziehe ich aus der Theorie für meine grundlegenden Überzeugungen und für meine Art des Zugangs und Umgangs mit den Phänomenen der Praxis?"
- Auf methodologischer Ebene: „Wie handle ich vor dem Hintergrund der Theorie und Praxeologie in der konkreten Praxis?"
(ebd., 7)

Wenn ich also in der vorliegenden Arbeit untersuche, ob und inwieweit eine Anwendung des TdUs für den Bereich der Supervision möglich ist, so soll dies stets unter Einbeziehung der drei genannten Ebenen geschehen. Jenseits der bestehenden Anwendungspraxis von Boal'schen Techniken möchte ich zunächst einen Schritt „zurückgehen". Die beiden jeweiligen Gegenstandsbereiche werden in Hinblick auf die Aspekte Theorie, Haltung und Methode jeweils für sich genommen betrachtet. Erst im nächsten Schritt werden Übertragungsmöglichkeiten herausgearbeitet.

Das beschriebene Vorhaben schlägt sich in folgenden Forschungsfragen nieder:

1. Was ist Supervision? – Betrachtung ihrer Ziele und Qualitätsansprüche, des hier gewählten wissenschaftstheoretischen Hintergrundes sowie der darauf basierenden Haltungen und methodischen Ansätze.
2. Gibt es supervisorische Entwicklungslinien in Richtung eines für das TdU offenen Selbstverständnisses?
3. Was ist das TdU? – Untersuchung hinsichtlich seiner theoretischen Grundannahmen, Haltungen und Methoden.
4. Gibt es Entwicklungslinien in Richtung einer Anwendung in der Supervision?
5. Ist das TdU mit seinen Grundideen kompatibel zur Supervision? – Wenn ja, wo wäre es möglich, Parallelen zu ziehen und Anleihen zu machen? Wo liegen mögliche Grenzen – unter Beachtung der jeweiligen Grundannahmen?

Die Auseinandersetzungen mit Boals politisch-emanzipatorischem Impetus inspirierten mich zu genauerem Hinschauen, in welcher Weise eine solche Ausrichtung in der Supervision zum Tragen kommt. Diesem Impuls folgend läuft die Frage nach dem emanzipatorischen Gehalt von Supervision während der gesamten Untersuchungen als eine Art parallelen Erzählfadens mit.

Entsprechend des beschriebenen Vorgehens werden zunächst einmal die Gegenstandsbereiche „Supervision" sowie „TdU" gesondert voneinander beschrieben (vgl. Kap. 2 u. 3). Die Analyse erfolgt jeweils anhand der Ebenen von Theorie, Haltung und Methodik. Bei der Darstellung des für diese Arbeit relevanten Verständnisses von systemischer Supervision (vgl. Kap. 2) wird speziell die Frage nach der emanzipatorischen Ausrichtung von Supervision gestellt. Insbesondere beim Blick auf die Geschichte der Supervision (vgl. Kap. 2.1.2) sowie auf ihr ethisches Grundverständnis (vgl. Kap. 2.3.2) lassen sich hier Hinweise erkennen.

Im anschließenden dritten Kapitel ist das „Theater der Unterdrückten" zentraler Gegenstand. Die TdU-Methodik beschreibe ich sehr ausführlich (vgl. Kap. 3.4). Diese schrittweise Veranschaulichung der Techniken soll dazu dienen, eine konkrete Vorstellung vom TdU zu entwickeln. Das Kapitel schließt mit einer kritischen Würdigung von Boals Theaterkonzept ab (vgl. Kap. 3.5). Dies verhilft zu einer angemessenen Aktualisierung dieser Methode sowie zu einer Einordnung angesichts der hier gewählten systemischen Perspektive. Auch erinnern die nachgezeichneten Diskurse an Spannungsfelder zwischen Realität und Ideal, die ebenfalls für die Supervision und die hier gesuchte emanzipatorische Ausrichtung relevant sind.

Nachdem die jeweiligen Haupt-Gegenstände dieser Arbeit beschrieben wurden, folgt unter dem Stichwort „Theatralität und Supervision" (Kap. 4) eine Darstellung von ersten erkennbaren Verknüpfungsmöglichkeiten. Zunächst einmal wird eine metatheoretische Einordnung anhand der Ausführungen von Heindl (2012) zu theatralen Interventionen in Organisationen gegeben (Kap. 4.1.). Seine Analysen helfen den konstatierten Einzug von theatralen Methoden in den Arbeitskontext zu beschreiben. Auch kann anhand Heindls Strukturierungen das Phänomen der Unternehmenstheater sowie die Nutzung des TdUs in Unternehmenskontexten eingeordnet werden. Die in den Forschungsfragen gesuchten Entwicklungslinien hin zu einer möglichen Übertragung des TdUs in die Supervision werden aus der einschlägigen Literatur herausgefiltert und im Unterkapitel „Supervisionsrelevante Entlehnungen aus dem TdU" (Kap. 4.2) aufgeführt. Neben systemischen und konstruktivistischen Weiterentwicklungen (vgl. Kap. 4.2.1) werden hierbei Arbeiten aus dem sozialarbeiterischen und zivil-gesell schaftlichen Kontext beleuchtet. So werden aus einer Ausarbeitung zum TdU als Empowerment-Instrument nach Haug (2005, vgl. Kap. 4.2.2) sowie als Methode zur Konflikttransformation (vgl. Ebbers 2014) erste Rückschlüsse auf die Nutzungsmöglichkeiten des TdUs für die Supervision gezogen (vgl. Kap. 4.2.3).

Schlussfolgerungen – auch in den ersten vier Kapiteln – sind mit folgendem Symbol gekennzeichnet:

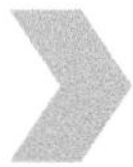

Im Resümee zur generellen Frage nach den Übertragungsmöglichkeiten des TdUs (vgl. Kap. 5) orientiere ich mich ebenfalls an den konzeptionellen Ebenen von Theorie, Haltung und Methode. Das Unterkapitel 5.3 widmet sich dem eingangs genannten Impuls, durch Boals gesellschaftskritischen Anspruch allgemein die emanzipatorische Ausrichtung der Supervision zu untersuchen.

Jenseits der konkreten Übertragungsmöglichkeiten des TdUs kann mich Boal vieles für mein Selbstverständnis als Supervisorin lehren. Er ermutigt mich und gibt mir Gedanken und Ideen an die Hand, meinen „Möglichkeitssinn“[5] zu erweitern und zu schulen.

In diesem Sinne: Bühne frei für die Suche nach den Möglichkeiten, die Augusto Boal und sein Theater der Unterdrückten für die Supervision eröffnen können!

---

5 vgl. das vorangestellte Zitat von Robert Musil

2. SUPERVISION

2.1. ALLGEMEINE EINFÜHRUNG

2.1.1. Definition von Supervision

Einführend sei mit Rappe-Giesecke (2009) folgende Definition von Supervision gegeben:

> *„Supervision ist personenbezogene berufliche Beratung für Professionals. Ihre Aufgabe ist es, Einzelne, Gruppen oder Teams von Professionals zu individueller und sozialer Selbstreflexion zu befähigen. Ziel dieser Reflexion ist die Überprüfung und Optimierung des beruflichen und methodischen Handelns." (ebd., 3)*

Hier schlägt sich einerseits eine Abgrenzung von reiner individueller Selbstreflexion nieder, wie sie im Kontext von Beratungen oder Therapien u.ä. praktiziert wird. Bei Supervision stünde nicht „die Person in ihrer Komplexität im Mittelpunkt, sondern derjenige Teil der Person, der die professionsabhängige Ich-Identität bildet" (ebd.). Andererseits grenzt Rappe-Giesecke sich mit dieser Definition von Organisationsberatung ab. Bei dieser sei nicht ausschließlich die Person das Medium der Veränderung, sondern „bestehende oder durch Beratung neu geschaffene Subsysteme der Organisationen" (ebd.).

Supervision findet in verschiedenen Formen und Settings statt, von Einzel, Gruppen- und Teamsettings bis zu spezifischen Formen wie Fallsupervisionen oder Leitungssupervisionen (vgl. Ebbecke-Nohlen 2015, 17ff.).

Bei Rappe-Giesecke (2009) findet sich eine Aufzählung folgender Supervisionsvarianten: administrative Supervision, Ausbildungssupervision, Supervision im Rahmen von Organisationsentwicklungsprozessen sowie berufsbegleitende Supervision. Letztere ist die in der Praxis häufigste Form und ihre Schwerpunkte können auf klientenbezogenen, kooperationsbezogenen oder rollenbezogenen Themen liegen. (vgl. ebd., 5-10)

Ebbecke-Nohlen (2015) gibt in ihrer Abhandlung zur systemischen Supervision folgenden Überblick über die Ziele von Supervision:

- Erweiterung oder Vertiefung persönlicher Erkenntnisse über eigene Möglichkeiten und Grenzen, über Einstellungen und Werthaltungen
- Veränderungen des eigenen Verhaltens
- Verbesserung des Wissens über soziale und institutionelle Rahmenbedingungen für das berufliche Handeln, Erweiterung oder Vertiefung der sozialen Handlungskompetenz und der praktischen Fertigkeiten
- Verbesserung der Praxistätigkeit im jeweiligen Aufgabenfeld (vgl. ebd., 13)

Die Autorin stellt dabei heraus, dass sich die Ziele je nach Grundverständnis von Supervision unterscheiden. Sie entsprechen zudem den historischen Entwicklungen und finden sich in unterschiedlicher Färbung und Kombination auch heute als potentielle Supervisions-Ziele und -Funktionen wieder. (vgl. ebd., 12)

> *„Manche Richtungen orientieren sich mehr an den eher funktionalen Erwartungen der AuftraggeberInnen, andere entspringen eher den Menschenbildern, Entwicklungs- und Veränderungsmodellen der verschiedenen psychotherapeutischen Schulen, welche die Supervisionsausrichtungen prägen, und wiederum andere entsprechen eher dem Selbstverständnis von Supervision als Profession. [...] In zunehmendem Maße werden allerdings funktionale Zielvorstellungen in den Mittelpunkt gerückt." (ebd.)*

Busse (2008) konkretisiert ein implizites Verständnis von Supervision, das er nicht nur für sich selbst, sondern auch für „viele seiner KollegInnen" (ebd., 52) als relevant ansieht. Er legt an Supervision den Anspruch des Aufklärens und Reflektierens sowie des Aufzeigens von Handlungsmöglichkeiten und -alternativen an. (vgl. ebd.)

Die hinter solchen Zielen stehende emanzipatorische Haltung wird im folgenden Unterkapitel noch genauer beleuchtet.

Hinsichtlich der Frage „Was kann Supervision?" soll im begrenzten Rahmen dieser Arbeit nicht im Detail auf die dahinterliegende Qualitätsdebatte eingegangen werden. Vielmehr sei zum einen auf eine Darstellung von Rappe-Giesecke (2002b) verwiesen, in der sie die mittlerweile üblichen Qualitätsdimensionen von Struktur-, Prozess- und Ergebnisqualität[6] auf Supervision bezieht und aufschlüsselt (vgl. ebd., 76-91). Zum anderen findet sich bei Rappe-Giesecke (2009) eine Aufstellung von **Standards guter Supervision**. Ich stelle sie hier zusammengefasst vor, da sie auch für die Nutzung des Theaters der Unterdrückten in der Supervision geltend zu machen wären:

- „Supervision ist nur dann gute Supervision, wenn sie – genau wie die Forschung – übertragbares Wissen schafft und damit nachhaltig wirkt." (ebd., 11)
- Eine hohe Ergebnisqualität einer Supervisionssitzung wird erreicht, wenn die drei Dimensionen (=triadisches Modell) beruflichen Handelns untersucht werden: a) die Perspektive auf die berufliche Situation aus einer bestimmten Profession, mit den ihr eigenen professionellen Programmen und Werten, heraus; b) der Blickwinkel als Funktionsträger in der Organisation, mit seiner Prägung durch die Aufgabe, die Stellung sowie den eigenen und fremden Rollenerwartungen; c) die Problemperspektive der Supervisandin als Person, geprägt durch Biographie, Persönlichkeit und Werte. Wichtig ist hierbei zudem, den Preis der Fokussierung einer Ebene zu Ungunsten der anderen herauszuarbeiten. (vgl. ebd.,12)

  > *„Die Komplexität des Problems wird zunächst erhöht mit dem Ziel, die Anzahl der Perspektiven auf das Problem und dadurch die Handlungsoptionen zu erweitern, um sie danach wieder zu reduzieren und die Professionals handlungsfähig werden zu lassen." (ebd., 12f.)*

- Bezogen auf die Arbeit mit Teams gilt es ebenso das triadische Modell zu beachten und auf ähnliche Weise mit eine Komplexitätserhöhung sowie -reduktion zu arbeiten (vgl. ebd., 13-15). Rappe-Giesecke definiert folgende drei Aspekte, die ein Team konstituieren:

  > *„Ein Team ist sowohl Gruppe im gruppendynamischen Sinn, als auch Subsystem einer Organisation als auch als [sic!] Verbund von Professio-*

[6] Diese Ebenen entsprechen den DIN-ISO-kompatiblen Verfahren des Qualitätsmanagements von Dienstleistungen. Hieran orientiert sich auch die Deutschen Gesellschaft für Supervision und Coaching. Sie führt aktuell eine Debatte zu adäquaten Qualitätsverfahren. (vgl. Büren 2019, 26-28)

> *nals, also Angehöriger der gleichen oder unterschiedlicher Professionen." (ebd., 13)*

- Im Sinne des Mottos „form follows function" sieht Rappe-Giesecke ein Qualitätsmerkmal von Supervision darin, dem Anlass und Ziel der Beratung angemessene Programme zu wählen. Programme, die Supervision zur Verfügung hat, sind die der Fallsupervision, Selbstthematisierung und Institutionsanalyse. Diese können dann wiederum mit unterschiedlichsten Verfahren bearbeitet werden. Dies geschieht entsprechend der konzeptionellen Orientierungen der Supervisorinnen und entsprechend ihrer Person, Berufsbiografie und den eigenen Werten und Grundüberzeugungen. (vgl. ebd., 15f.)

  So könne man „das Programm Fallsupervision mit Verfahren aus dem Psychodrama, aus der Balint-Arbeit, aus der systemischen Beratung, aus dem Rollenspiel etc. praktizieren" (ebd., 15f.).

- Drei zunächst unabhängige Systeme treffen bei der Beratungsanfrage zusammen: das Beratersystem, das ratsuchende und das auftraggebende System. Supervision konstituiert schließlich ein weiteres System, das Beratungssystem.

  > *„Dieses neue System muss genau wie alle 3 anderen eigene Regeln für Mitgliedschaft entwickeln, Aufgaben und Rollen ausdifferenzieren, System-Umwelt-Beziehungen regulieren, seine Aufgabe in Abläufe prozessieren und schlussendlich eine eigene Identität entwickeln." (ebd., 17)*

  Neben dem formalen Teil der Rollenklärung läuft parallel ein Prozess zum Schließen eines Arbeitsbündnisses, welches auf gegenseitigem Vertrauen, Sympathie bzw. zumindest Respekt basiert. (vgl. ebd., 16-18)

- Laut Rappe-Giesecke hat sich eine Normalform des Ablaufs eines Supervisionsprozesses herausgebildet, die gute Supervisorinnen verinnerlicht haben. Bei guter Supervision werden die Beteiligten in diesen Ablauf „einsozialisiert" (ebd., 21), sodass im Anschluss auch mit Variationen und Abweichungen gearbeitet werden kann. (vgl. ebd., 20f.)

- In der Supervision findet ein Erkenntnisgewinn durch den Wechsel von Introspektion und distanzierter Betrachtung statt. Hierbei kommt der

Arbeit mit Spiegelungsphänomenen eine hohe Bedeutung zu. (vgl. ebd., 22f.)

- Selbsterfahrung und Instruktion werden in der Supervision integriert. Selbsterfahrung wird hier berufsbezogen verstanden, es wird also der Fokus auf die professionsabhängigen Ich-Anteile gelegt. Instruktion ist gebunden an die konkrete Auseinandersetzung mit dem professionellen Alltag und dem subjektiven Problemerleben. (vgl. ebd., 24)

  Hieraus wird rekonstruiert, „welche Maximen für professionelles Handeln allgemein aus diesem Fall zu ziehen sind und was man aus diesem Fall über die Psychodynamik professioneller Beziehungen und über deren Zusammenwirken mit den jeweiligen institutionellen Rahmenbedingungen lernen kann" (ebd.).

- Als weitere Anforderung an gute Supervisorinnen formuliert Rappe-Giesecke die Fähigkeit, „entstehende natürliche Spannung auszuhalten und die Komplexität nicht vorschnell zu reduzieren, indem man Entscheidungen trifft" (ebd., 25). Außerdem werden im Rahmen von Supervision dialogische Prozesse gefördert. Dialogische Prinzipien entstammen hierbei der klientenzentrierten Gesprächsführung, der Psychoanalyse sowie der systemischen Beratung. Es findet ein Wechsel zwischen reflexiven Anteilen sowie ziel- und aufgabenbezogenem Arbeiten statt. Des Weiteren wird in guter Supervision ein stabiler Rahmen geboten, in welchem „sich Chaos entwickeln kann", die sich hierin zart herausbildenden veränderten Strukturen erkannt und „dem System als selbst geschaffene Lösung zur Verfügung" (ebd., 27) gestellt werden. (vgl. ebd., 25-27)

Rappe-Giesecke hebt die Komplexität der Phänomene hervor, mit denen wir bei beruflicher Beratung zu tun haben. Es gehe um Problemkomplexe auf mehreren Ebenen: „Person, Profession, Funktion, Organisation und Klientel" (ebd., 10). Die Autorin versteht die konzeptionelle Entwicklung der Supervision so, dass sie „nach und nach ein umfassendes Theoriegerüst und Praxismodell zur Verfügung gestellt hat, um diese verschiedenen Ebenen professioneller Probleme adäquat verstehen und zum Nutzen der SupervisandInnen bearbeiten zu können" (ebd., 11).

Hiermit soll nun übergeleitet werden zu einem genaueren Blick auf eben diese Entwicklung der Supervision.

2.1.2. Wurzeln der Supervision

Wittenberger (2008a) stellt in seinem Aufsatz „Aspekte zur Geschichte der Supervision. Forschen, Verstehen und Deuten – Probleme der Erkenntnis" die These auf, dass es nicht *die* eine Geschichte der Supervision gibt:

> *„Je nachdem welchen fachlichen Hintergrund die jeweiligen Autoren selbst haben, verfassen sie ‚ihre' Geschichte der Supervision, bekommt Supervision einen spezifischen Charakter." (ebd., 3)*

Diese These passt zu der konstruktivistischen Grundannahme, dass die Eigenarten der beobachtenden Person stets in die Wirklichkeitsbeschreibungen mit einfließen. Die Annahme einer solchen Selbstreferenzialität von Erkenntnis deckt sich mit heutigem Wissen über neurophysiologische Prozesse von Wahrnehmung und Bewusstsein[7]. Die in dieser Arbeit getroffenen Unterscheidungen geschehen immer mit dem Fokus auf die Frage nach dem möglichen Nutzen des „Theaters der Unterdrückten" in der Supervision und nach dem emanzipatorischen Gehalt von Supervision. Als besonders ergiebig hat sich für mich hierbei ein historischer Abriss nach Busse (2008) gezeigt[8].

Dieser geht in seinem Aufsatz „Supervision – über die Verhältnisse reflektieren und in ihnen handeln" seinem Unbehagen in der praktischen Tätigkeit als Supervisor nach. Es stünden nicht nur für die Supervision weniger zeitliche und finanzielle Ressourcen zur Verfügung, sondern die Problemlagen der Supervisanden würden existenzieller.

Als beispielhafte Gründe nennt Busse „ökonomische[n] Druck und Flexibilisierungszumutungen in den Einrichtungen und Unternehmen, [...] die Ausdünnung professionellen Personals sowie die Instabilität langfristiger Arbeitsbeziehungen" (ebd., 52). Er konstatiert eine zunehmende Schwierigkeit in den Supervisionen. „Die Medizin ‚Reflexion' scheint weniger zu wirken, die Entfaltung emanzipatorischer Potenziale gelingt kaum" (ebd.). Die Fachliteratur verwiese zwar auf die Begrenztheit von Supervision, die

---

[7] Zum Zusammenhang der möglichen Bedeutung neurophysiologischer Erkenntnisse für die historische Forschung siehe Singer 2010.

[8] Für ausführlichere Darstellungen des Entstehungskontextes von Supervision sei beispielhaft auf Hausinger 2002,10-31 verwiesen sowie auf diverse Veröffentlichungen von Belardi (1992, 13-166; 1996, 19-31; 2013, 14-37).

Überzeugung von der „durchschlagende[n] Kraft von Reflexion" (ebd.) sei jedoch ungebrochen. Laut Busse steht die „Supervision auf unsicherem Grund" (ebd., 60), was mit den Widersprüchlichkeiten der Supervisionspraxis und einer ungenügenden Beachtung des widersprüchlichen Verhältnisses von Reflexion und Handeln zu tun habe (vgl., 62). Supervisionsgeschichte liest Busse als einen „unvollständigen Versuch, sich den Widerspruch von Reflexion und Handeln anzueignen" (ebd.).

Für mich ist diese Analyse interessant, da es im Zusammenhang mit dem „Theater der Unterdrückten" stets um die Auseinandersetzung mit den gesellschaftlichen Verhältnissen – genauer gesagt: unterdrückerischen Verhältnissen – geht. Neben der Reflexion besteht im TdU das klare Ziel einer Veränderung der gesellschaftlichen Verhältnisse.

Bezogen auf die Supervision sei nun also **Busse (2008)** gefolgt, wie er herausarbeitet, **ob und in welchem Maß das Moment eines aufklärerischen Anspruchs in den jeweiligen Entwicklungsphasen der Supervision** zum Tragen kommt.

Die Anfänge der Supervision in der US-amerikanischen Sozialarbeit des 19. Jahrhunderts seien geprägt von den Aspekten der „Einübung und Kontrolle des Handelns" und „Anpassung an professionelle Standards" (ebd., 62). Unter dem Einfluss der Psychoanalyse erweiterte sich der Fokus auf „einen reflexiven Anteil in Richtung Selbstaufklärung und Persönlichkeitsentwicklung" (ebd.). In der Entwicklung von Supervision in Deutschland nach dem 2. Weltkrieg fand eine ausschließliche Ausrichtung auf die reflexiven Anteile von Supervision statt. Busse sieht hierin die Kehrseite, durch die verdeckt wurde, „dass professionelle Tätigkeit bestimmten Standards unterworfen ist und auch der Bewertung und Kritik unterzogen werden können muss" (ebd.). Dies führte dazu, dass bis heute der „Pol des Handelns" durch die „Vereinseitigung der amerikanischen Supervision hin zur bloßen Kontrolle oder Überwachung" als „Anpassung" degradiert würde (vgl. ebd.).

In der weiteren Entwicklung wurden die Individuumszentrierung und die vorherrschende psychodynamische Prägung „um die Perspektive der Gruppe und der Einflüsse der Gruppendynamik erweitert" (ebd.). Die Ausrichtung der Selbstaufklärung auf das „Hier und Jetzt" verlief laut Busse „unter weitgehender Aussparung des gesellschaftlichen und politischen Kontextes und damit der realen Arbeitswelt" (ebd.). Änderung brachte die politische Bewegung der sog. „68er". Im Zuge dessen fanden auch Auseinandersetzungen bezogen auf Supervision und deren gesellschaftliche und politische Funktion statt. Im Diskurs der 70er Jahre erkennt Busse die Pole von „anpassender Sozialtechnologie (vgl. die klassische Kritik von Huppertz 1975[9]) und emanzipatorischer Politisierung" (ebd.). Eine Entschärfung der Gegensätze passierte durch eine Integration des „politischen Anspruch[s] in das supervisorische („therapeutische") Handeln" sowie durch das Etablieren der „Gruppe" als „Experimentier- und Einübungsfeld einer emanzipatorischen Gegenwelt" (ebd., 63). Mit der schnell eingesetztenden Hochkonjunktur der „Gruppendynamik" im Rahmen des „Psychobooms in den 70er Jahren" (ebd.) ging jedoch erneut das kritische Bewusstsein für problematische Arbeitsbeziehungen und -verhältnisse verloren – dieses Mal zu Gunsten einer starken Fokussierung auf die bloßen Beziehungsdynamiken.

Mitte der 80er bis in die 90er Jahre hinein begann man Organisationen und Teams in den Fokus zu nehmen. Hiermit ging die Anerkennung einher, „dass Herrschafts- und Machtverhältnisse nicht allein aus dem Schoß der Gruppe kommen, sondern strukturgewordene Verhältnisse waren" (ebd.). Die Organisation wird als Austragungsort für die Humanisierung von Arbeitsverhältnissen gesehen. Supervision kommt hierbei eine emanzipatorische Beratungsfunktion zu, welche über die Arbeit mit Teams – sozusagen in „bottom-up"-Richtung – Einfluss auf Machtverhältnisse nimmt. (vgl. ebd.)

Diese Erweiterung des Gegenstands von Supervision markierte aber auch eine Legitimationskrise, wie Gaertner (1998 zit. ebd.) es konstatiert. Die Ökonomisierungstendenzen im sozialen Bereich waren stärker als emanzipatorische Haltungen. Infolge nahm vorwiegend die Frage nach der Positionierung von Supervision im Bereich von Organisationsentwicklung bzw. -beratung und nach der Platzierung im Profitbereich Raum ein. An diesem Punkt habe sich eine Trennung zwischen einer Beratung zu instrumentellen bzw. strategischen Themen und einer Beratung mit selbstreflexivem

---

9 Hiermit ist Huppertz' (1975) Analyse von Supervision als ein „problematisches Kapitel der Sozialarbeit" gemeint. Vor dem Hintergrund der zum damaligen Zeitpunkt wenig empirischen Legitimierung von Supervision untersucht er die bis dahin erschienene Supervisionsliteratur nach ihren Standpunkten und Tendenzen. Der Autor kritisiert, dass Supervision „mythisch" dargestellt werde (vgl. ebd., 141) und fordert eine „kritisch-emanzipatorische Supervision" (ebd., 149). Später findet sich ähnlich formulierte Kritik, wenn Petzold et al. (2004) einen Aufsatz betiteln mit „Mythos Supervision? – Zur Notwendigkeit von „konzeptkritischen" Untersuchungen im Hell- und Dunkelfeld zu Wirkungen, Nebenwirkungen, Risiken und Rechtsverletzungen in der supervisorischen Praxis".

Schwerpunkt ergeben. Gaertner sieht hierin eine Rückkehr an den Anfang der deutschen Supervisionsgeschichte, an dem sich die deutsche Spielart zunächst einmal von den Kontroll- und Bewertungsfunktionen emanzipiert hatte. (vgl. ebd.)

Die Öffnung zum Organisationsbereich brachte dennoch ein verändertes Bewusstsein über die Rolle der Supervision mit sich:

> *„Spätestens mit der Thematisierung des sog. „Dreieckskontraktes" wird nicht nur der Zugewinn professioneller Autonomie des Supervisors, sondern auch seine freiwillige wie marktförmig verrechtliche Abhängigkeit vom Auftraggeber deutlich." (ebd., 64)*

Busse sieht in der Etablierung des Dreiecksvertrages keinen Rückzug vom emanzipatorischen Impetus der Supervision, sondern vielmehr einen Abschied von der Idee von Supervision als „abstinente[r] Reflexionsraum[...] ". Wie ihre Klientel, muss auch die Supervision sich mit den ökonomischen Gegebenheiten auseinandersetzen. Sie bietet einen Raum „zur reflexiven Distanzgewinnung gegenüber der Arbeitswelt, aber kein[en] Raum, der von deren Logik freigehalten bzw. aus dem diese Realität ausgesperrt werden kann" (ebd., 65).

In den Definitions- und auch Abgrenzungsbemühungen von Supervision zum Coaching erkennt Busse erneute, jedoch schärfer geführte Aushandlungsprozesse hinsichtlich der Ausweitung auf den Profit-Bereich sowie der Positionierung auf dem Markt. Bezogen auf die Fragestellung, wie in der Supervisionsentwicklung die Kategorien von Reflexion und Handeln zum Tragen kommen, analysiert Busse die Reaktionen auf die aktuellen Auseinandersetzungen von Supervisorinnen, die sich einer aufklärerischen Haltung verschreiben. Er attestiert deren Argumentationen die „Fortsetzung einer Dichotomisierung zwischen Reflexion und Handeln" (ebd.). Diese führe zu einer abstrakten Gegenüberstellung von Coaching einerseits, welches als ein reines Anpassungsinstrument konstruiert werde, sowie von Supervision andererseits. (vgl. ebd.)

Supervision würde hierbei stilisiert als „abstraktes Gegenprogramm [...], welches die Totalität der Verhältnisse in Augenschein nimmt und sie rücksichts- und kompromisslos auf ihre ‚heimlichen und unbewussten Implikationen und Folgen' (Bauer zit. ebd.) hin durchleuchtet, was zudem nur wirklich auf dem Hintergrund einer psychoanalytischen Konzeptualisierung gelingen könne" (ebd.).

Die Analyse bzw. schlichtweg die Anerkennung der Widersprüchlichkeiten angesichts der Komplexität der heutigen Arbeitswelt ist bei der Auseinandersetzung mit der emanzipatorischen Haltung von Supervision mitzubedenken. Auf das entstehende Spannungsfeld wird im Resümee (vgl. Kap. 5) noch im Speziellen eingegangen.

Doch zunächst soll erst einmal grundlegend erörtert werden, was zentrale theoretische Annahmen einer systemisch orientierten Sichtweise für die Supervision bedeuten.

2.2. WISSENSCHAFTSTHEORETISCHER HINTERGRUND

> *„Inzwischen neige ich dazu, Supervision grundsätzlich als systemische Beratung zu charakterisieren. Die soziologische Systemlehre hat allem Anschein nach die brauchbarsten Erklärungen für unseren Gegenstand geliefert." (Pühl 1999 zit. in Schibli/Supersaxo 2009)*

Eine prägnante Zusammenfassung, wie sich systemtheoretisches Denken auf das Verständnis von Supervision niederschlägt, findet sich in einem Positionspapier der Systemischen Gesellschaft (zit. in Hercher 2003)[10]:

> *„Systemische Supervision beruft sich auf Ansätze, welche sich auf die Prinzipien systemischen Denkens beziehen und einen nicht linearen Umgang mit Komplexität teilen (u.a. Allgemeine Systemtheorie, Autopoiesetheorie, Kybernetik zweiter Ordnung, Synergetik, Kommunikationstheorie, Konstruktivismus, Theorien der Selbstorganisation). Erkenntnis wird abhängig vom beobachtenden System verstanden als rekursiver Prozess von Kognition, Emotion und Kommunikation. Konzepte multifaktorieller Entstehungszusammenhänge werden gegenüber linearem Kausalitätsdenken bevorzugt. Viabilität und Nützlichkeit stehen im Vordergrund.*
>
> *Systemische Supervision beschäftigt sich mit den Wechselwirkungen komplexer Systeme. Muster, Interaktionen und Prozesse im beruflichen Kontext werden fokussiert. Menschen werden als selbstverantwortlich angesehen. Verhalten wird respektiert als nicht kontrollierbar und beliebig veränderbar.*

[10] Ausführlichere Darstellungen des theoretischen Hintergrundes und den Konsequenzen für die supervisorische Arbeit finden sich beispielsweise bei Ebbecke-Nohlen (2015, 35ff.), Hercher 2003, 11ff. sowie Krapohl 2008, 159ff..

Das Anregen einer Außenperspektive ermöglicht systemischer Supervision eine Multiperspektivität. Damit werden Strukturen, Verhaltensmuster, Spielregeln, Zielrichtungen verdeutlicht und dem System die Möglichkeit gegeben, sich für diese Form oder für eine Veränderung zu entscheiden. Die SupervisandInnen werden als die Experten betrachtet, an ihren Fragen wird sich orientiert, ihre Ressourcen werden aktiviert, um neue Handlungsoptionen zu entwickeln." (ebd., 32f.)

2.3. HALTUNG

Es ist notwendig an der eigenen Haltung als Supervisorin zu arbeiten, „um reine Technik – die Anwendung verschiedener Erfolg verheißender Handwerkzeuge – von Beziehungsgestaltung zu unterscheiden" (Rappe-Giesecke 2002a, 59).

2.3.1. Systemische Haltung

Welche Haltungen machen im Zusammenhang mit den genannten systemtheoretischen Grundannahmen systemische Supervision aus? Ebbecke-Nohlen (2015) führt als zentrale ethische Prinzipien an, dass sich systemisches Handeln „ausdrücklich der Haltung der Allparteilichkeit bzw. der Neutralität verpflichtet [fühlt]. Respekt gegenüber Personen, Respektlosigkeit gegenüber Ideen, Gender-Sensitivity und Kontextsensibilität sind weitere zentrale handlungsleitende systemische Haltungen" (ebd., 31). Hercher (2003) geht ausführlicher auf diese genannten Punkte ein, welche in einem Positionspapier der systemischen Gesellschaft festgeschrieben wurden. Zu den nicht eindeutigen Begriffen von Neutralität und Allparteilichkeit führt die Autorin aus, dass die Verdienste aller Beteiligten gewürdigt und die ambivalenten Beziehungsmuster gleichermaßen aufgezeigt werden sollten (vgl. ebd., 56). Neutralität bedeute nicht, „dass der Supervisor keine eigene Meinung hat, sondern nur, dass er keine absolute Gültigkeit beansprucht" (ebd.). Die Anerkennung der Relativität von Wirklichkeitskonstruktionen impliziert den Wegfall eines Rollenbildes der Supervisorin als „KontrolleurIn, der OberlehrerIn oder der ExpertIn, die alles weiß und alles kann" (ebd., 57).

Diesen konstruktivistischen Annahmen folgend wird deutlich, dass innerhalb der systemischen Supervision Nicht-Wissen als Expertise gilt. Es können nur Hypothesen, keine Wahrheiten gebildet werden. Die Supervisorin ist lediglich Expertin für den Prozess und die Supervisandin für die inhaltlichen Lösungen. Letztere steht in einer Eigenverantwortung. Fremdsteuerung oder Instruktionen sind vor dem Hintergrund autopoietischer Grundannahmen ad absurdum gesetzt. „Richtig" oder „falsch" stellen keine Bewertungskategorien dar. Zentral ist viel mehr die Frage nach der Nützlichkeit und Viabilität. Probleme werden als Lösungsversuche des Systems betrachtet, die jedoch ggf. dysfunktional sind. Mittels einer Ressourcen- und Lösungsorientierung werden Alternativen und Zukunftsvisionen eröffnet und vergleichend aufgezeigt. (vgl. Ebbecke-Nohlen 2015, 31-34)

Die Tatsache, dass es nicht „die eine Wahrheit" gibt, sondern es auch „anders sein könnte" birgt die **Gefahr der Verwechslung mit Beliebigkeit**. Die Annahme, eine andere Wahrnehmung der Wirklichkeit verhelfe zu verändertem und als problemlos definiertem Handeln, könnte als Verschleierung der Realität von Lebenssituationen oder Machtverhältnissen kritisiert werden.

> *„Besonders Theoretiker der Sozialarbeit kritisieren, wie leichtfüßig viele Konstruktivisten behaupten, andere, kontingente Beschreibungen reichten aus, um soziale Probleme zu lösen." (Kleve 1999, 7)*

Gegen solche Verkürzungen hebt Kleve (1999) hervor, dass neben der psychischen Konstruktion von Wirklichkeit auch die Akte der sozialen Konstruktion berücksichtigt werden müssten. Es sei bedeutsam, in welche sozialen Differenzen und Wirklichkeitskonstruktionen wir hineinsozialisiert werden. Ein solches Bewusstsein verhindere indes, soziale Verhältnisse zu verschleiern. Das Kontingenz-Prinzip wäre außerdem missverstanden, wenn es zu einer Vermeidung der Auseinandersetzung mit verschiedenen Wirklichkeitssichten führt oder zu einer Haltung der Gleichgültigkeit. (vgl. ebd., 7f.)

Von Foerster spricht letztlich von einer **impliziten Ethik** (vgl. Kersting 1998, 50). Auch in Anbetracht der konstruktivistischen Annahme, dass Fragen prinzipiell unentscheidbar seien, gelte es, Entscheidungen zu treffen und für diese die Verantwortung zu übernehmen:

> *„Selbst der ethische Imperativ des Heinz von Foerster: ‚Handele stets so, dass Du die Anzahl der Möglichkeiten vergrößerst' (1998:33), gilt zu allererst und nur für Heinz von Foerster selbst, auch wenn er ihn allen*

> *Beratern ins Stammbuch schreiben möchte. Es ist eben sein Weg, auf eine prinzipiell unentscheidbare Frage zu antworten. Er kann sie nur für sich selbst entscheiden – eben auf seine Weise – weil sie prinzipiell unentscheidbar ist. Für diese Entscheidung erklärt er sich verantwortlich." (ebd.)*

So gilt es meines Erachtens, mir meines inneren Kompasses von Werten und Normen für mein supervisorisches Entscheiden bewusst zu sein und ihn stets weiter zu entwickeln.

2.3.2. Gesellschaftspolitische Verantwortung und emanzipatorische Haltung in der Supervision

Im Folgenden möchte ich nun – inspiriert durch die Auseinandersetzung mit dem Theater der Unterdrückten und seiner klaren politischen Ausrichtung – der **Frage von gesellschaftspolitischen Aspekten supervisionsethischer Grundsätze und dem emanzipatorischen Gehalt von Supervision** nachgehen.

Hierbei orientiere ich mich zunächst an den Verlautbarungen der **Deutschen Gesellschaft für Supervision und Coaching (DGSv)** als bedeutsame Vertreterin der professionellen Qualitätsansprüche von Supervision.

In ihren Standards zur Qualifizierung nennt die DGSv (2013) – neben Aspekten wie Wertschätzung, Überparteilichkeit, Ressourcenorientierung – als supervisorische Grundhaltung gesellschaftspolitisches Interesse (vgl. ebd., 1). Die Profession Supervision ist gesellschaftlicher Verantwortung für Bildung, Gesundheit, Grundrechte, Demokratie, Gerechtigkeit, Frieden und nachhaltiger Entwicklung und einer dementsprechenden Ethik verpflichtet (ebd., 2).

Die Ethischen Leitlinien des Berufs- und Fachverbands (DGSv 2003) sollen seinen Mitgliedern Orientierung geben. In der Präambel wird festgehalten, dass DGSv-Supervisorinnen die Würde und Unantastbarkeit jedes Menschen achten, ungeachtet deren Herkunft, Weltanschauung oder Lebensgestaltung. Später wird zudem konkretisiert, dass „Vorteilsnahme und jeder Missbrauch – ob zu Gunsten wirtschaftlicher, sozialer, sexueller oder anderer persönlicher Interessen – [...] eindeutig abgelehnt [wird]" (ebd., 2). Auf angemessene Distanzwahrung, Wahrung des Persönlichkeitsschutzes sowie ein verantwortungsvoller Umgang mit Macht und Abhängigkeit soll geachtet werden.

Bei der Schilderung des supervisorischen Selbstverständnisses wird das Format der Beratung dargelegt. Die verschiedenen ökosystemischen Ebenen sollen bei der Bearbeitung beruflicher Themen eingebunden werden – nämlich auch organisationale und gesellschaftliche Bezüge und Rahmenbedingungen (vgl. ebd., 1). Bereits zu Beginn wird beschrieben, dass sich Supervision im Spannungsgefüge zwischen Individuum und Gesellschaft vollzieht. Sie diene „gleichermaßen der Emanzipation als auch der Bindung, der Ermöglichung neuer Sichtweisen und der persönlichen Weiterentwicklung von Einzelnen, Gruppen, Teams und Organisationen" (ebd., 1). Das Dreiecks-Verhältnis zwischen auftraggebendem, ratsuchendem System und dem Beratersystem soll transparent gestaltet werden. Mit der Orientierung am Gemeinwohl und der Selbst-Verpflichtung menschlicher und fachlicher Qualität den Vorrang vor ökonomischen Interessen zu geben, wird eine gesellschaftspolitische Verantwortung von Supervision zu Grunde gelegt. (vgl. ebd., 2)

Später heißt es bezogen auf das konkrete Handeln:

> *„DGSv-Supervisorinnen und Supervisoren tragen die Verantwortung für ihr berufliches Handeln im Wissen um die möglichen persönlichen und gesellschaftlichen Auswirkungen auf ihre Klientensysteme und messen der Eigenverantwortung und Selbstbestimmung Anderer eine hohe Bedeutung zu. Sie verhalten sich so, dass vorhersagbarer und vermeidbarer Schaden verhindert wird." (ebd.)*

Klehn (2015) erkennt hier Widersprüchlichkeiten, wenn einerseits dem Klientensystem Eigenverantwortung zugesprochen wird, gleichzeitig aber Schaden von supervisorischer Seite ausgehend vermieden werden sollte. Auch steht für ihn das gesinnungsethische Verbot der Annahme von Aufträgen totalitärer oder diskriminierender Organisationen in Spannung mit der verantwortungsethischen Betonung der Bewusstheit über das eigene Tun (vgl. ebd., 53). Für den Autor sind die ethischen Leitlinien der DGSv sehr allgemein gehalten (vgl. ebd., 54). Anhand seiner Analyse weiterer Supervisions-Literatur und ethisch-philosophischer Überlegungen stellt Klehn 25 eigene Thesen als Diskussionsbeitrag auf (vgl. ebd., 86-89). Sie werden aufgeschlüsselt nach Ebenen des Menschenbildes, indem er ebenfalls die Unantastbarkeit der Würde des Menschen sowie dessen Eigenverantwortlichkeit, Selbstbestimmung, Fähigkeiten und Begabungen – auch kreativer Natur – postuliert. Klehn differenziert des Weiteren die Haltungen von Supervisorinnen sowie Aspekte zur Prozessgestaltung und Selbstreflexion aus. Im Gegensatz zur widersprüchlichen Formulierung des DGSv-Papiers findet sich hier die Aussage, dass Supervisorinnen zumindest die ihnen absehbaren Folgen *benennen*, sodass vorhersagbarer Schaden vermieden werden kann. Somit bleibt also die Selbstbestimmung des Gegenübers erhalten. Das gesinnungsethische Verbot, totalitäre oder diskriminierende Organisationen zu beraten, fehlt. Klehn spricht allgemeiner von einer **Gemeinwohlorientierung**:

> *„Supervisorinnen und Supervisoren blicken über den Tellerrand des einzelnen Prozesses und Systems auf das gesellschaftliche Ganze. Sie sind dem Gemeinwohl verpflichtet." (ebd., 89)*

Buer (2000) beschreibt ebenfalls die Gemeinwohlorientierung von Supervision, die er als eine an universalistische Ethik gebundene Profession versteht. Neben der Würde des Individuums seien die Ansprüche der Gemeinschaft zu beachten. Der Staat tritt ein für die Gewähr des Erhalts der Menschenrechte (vgl. ebd., 15). Darüber hinaus müssen „Professionelle [...] auch gegenüber staatlicher Willkür für die Beachtung dieser Werte Sorge tragen" (ebd.).

Über die Gemeinwohlverantwortung hinausführend verwendet Klehn (2015) zusätzlich den Begriff des Gewissens. Gewissensverantwortung oder personale Verantwortung beschreibt er vorher in Anlehnung an Kohlberg und Löwisch als eine „persönliche Wahrnehmung der Ansprüche der praktischen Vernunft [...], die sich nicht in Berufsethiken und auch nicht im Recht erschöpft, sondern die sich quer zu diesen versteht" (zit. ebd., 67). Für die supervisorische Haltung hält Klehn einen vitalen Zugang zum „eigenen Gewissen, als dem Ort produktiver Unruhe für die Suche nach dem Richtigen" (10. These; ebd., 88) für grundlegend.

Hinsichtlich der **Frage nach dem emanzipatorischen Gehalt von Supervision** lässt sich zunächst einmal Folgendes konstatieren:

In dem Aufsatz **„Emanzipatorische Praxis – Psychoanalyse – Supervision" von Wolfgang Wittenberger (2008b)** findet sich die Feststellung, dass Emanzipation zwar im Rahmen von Supervisionsausbildungen seinen Platz habe, sich hierzu jedoch keine Ausarbeitungen in der Literatur finden ließen (vgl. ebd., 66). Er beschreibt schließlich sein Verständnis von emanzipatorischer Praxis und überträgt dieses auf die Supervision – unter Bezugnahme auf psychoanalytische Ansätze und deren emanzipatorischem Selbstverständnis. Kernaspekte seien im Folgenden skizziert:

Das gesellschaftspolitische Verständnis von emanzipatorischer Praxis zielt, laut Wittenberger, darauf ab, „verborgene kulturelle, soziale und ökonomische Formen der Macht [zu] demaskieren, die dazu befähigten gesellschaftlichen Akteuren – Individuen und Gruppen – die soziale Rollen auf[zu]erlegen, welche die vorhandenen Machtstrukturen reproduzieren und eine volle Selbstentfaltung einengen" (ebd., 66). Die genannte Idee der vollen Selbstentfaltung stehe im Zusammenhang mit der romantischen Philosophie des 19. Jahrhunderts und begründete den damals erstarkenden Individualismus (vgl. ebd.). Außerdem werden im Rahmen emanzipatorischer Praxis historische Zusammenhänge und ihr Einfluss auf die Entwicklung gesellschaftlicher Ordnungen aufgedeckt. So wird die Weltgeschichte im Rahmen der marxistischen Theorie beispielsweise materialistisch rekonstruiert. Sie zielt darauf ab, „ein revolutionäres Bewusstsein der Arbeiterklasse zu schaffen" (ebd., 67). Feministische Theorien versuchen hingegen historische Zusammenhänge zur Konstruktion von Weiblichkeit und zur Reproduktion von patriarchalen Strukturen aufzudecken (vgl., ebd.).

Die supervisorische Tätigkeit lässt sich mit Wittenberger u.a. anhand folgender Aspekte als emanzipatorische Praxis beschreiben:

Analog zur analytischen Deutung unbewusster Verhaltensdeterminanten „enthüllt die Intervention des Supervisors unreflektierte Rollenstereotypien des Supervisanden, die aufgrund seiner 'Anpassung an die Ideologie der Rolle' (Parin 1978 zit. ebd.) ihm unbewusst bleiben" (ebd, 68). Supervisorische Praxis hat das Ziel, „den Supervisanden durch Reflexion des beruflichen Alltags freiere Entfaltungsmöglichkeiten zu verschaffen" (ebd.).

Unterschiede zu gesellschaftspolitisch-emanzipatorischen Bewegungen sieht Wittenberger darin, dass die supervisorische Tätigkeit im Rahmen eines Kontraktverhältnisses geregelt ist. Entlohnung und auch Bestimmungen der Vertraulichkeit werden hierdurch vertraglich geregelt und bilden somit einen Unterschied zum Kontext von politischen Bewegungen. Der berufsrollenbezogene Kontext bestimmt den im Rahmen von Supervision möglichen emanzipatorischen Ansatz. Und der genannte Kontext begrenzt die „Einflussmöglichkeit" von Supervision auf institutionelle und berufsrollenbezogene Aspekte. (vgl. ebd., 72)

Bezogen auf die psychoanalytische Praxis stellt Wittenberger fest, dass diese sich auf den Bereich der innerseelischen Prozesse beschränke und keinen politischen, übergeordneten Anspruch ergebe. Hier wünscht der Autor der Supervisionsszene eine ähnliche Bescheidenheit einzunehmen, da er ihren Wirkungsgrad begrenzt sieht. (vgl. ebd., 73)

> *„Institutionelle oder gesellschaftliche Veränderungen [durch Supervision; A.K.] entsprechen eher den Ansprüchen jener Analytiker, die von der 'vollkommenen durchanalysierten Persönlichkeit' – einer Utopie, die es nirgendwo gab – sprachen." (ebd.)*

Schließlich analysiert der Autor die Frage nach der **Autorität im Supervisionssetting**. Bei Supervisionsprozessen in Organisationskontexten sei auf große Sensibilität hinsichtlich der Gefahr von Instrumentalisierungen und von Abhängigkeiten zu achten (vgl. ebd., 73ff.).

Wittenbergers Beitrag leistet eine Definition von emanzipatorischer Praxis und bietet eine inhaltliche Einordnung, inwieweit Supervision einer solchen Praxis entspricht und worin Unterschiede liegen. Sein Blick auf die Supervision ist stark vom analytischen Hintergrund geprägt. Emanzipation wird hier v.a. auf die Enthüllung von unbewussten Prozessen bezogen, die das Individuum einschränken und es sich nicht frei entfalten lassen. Der systemische Ansatz bietet eine Erweiterung, da er nicht nur individuumsbezogene Aspekte in den Fokus nimmt, sondern auch den Kontext und das soziale System. Somit kommt hierdurch m.E. durchaus der emanzipatorische Aspekt des Aufdeckens gesellschaftlicher Praxis zum Tragen, jedoch mit den von Wittenberger treffend beschriebenen Beschränkungen durch den arbeitsbezogenen Kontext.

Im Rahmen der systemischen Supervision ist das Beziehungsverständnis weniger asymmetrisch als es im psychoanalytischen Kontext angelegt ist. Dies bedeutet jedoch nicht, vor einer paternalistischen Dynamik gefeit zu sein. Barthlemess (2016) beschreibt anschaulich, wie es im Sinne einer systemischen Haltung gilt, die Hybris des Beraters zu reflektieren und hin zur Expertise im Begleiten weiterzuentwickeln (vgl. ebd.,14ff.).

Wittenbergers Beobachtung, dass **nur wenige Ausarbeitungen zum Emanzipationsverständnis in der Supervision zu finden** seien (vgl. 2008b, 66), decken sich mit den Rechercheergebnissen der vorliegenden Arbeit.

Aus meiner Sicht wäre jedoch **als eines der wenigen Beispiele die Veröffentlichungen von Harald Pühl** anzuführen, da sich bei ihnen in den Titeln bereits Bezüge zu einem emanzipatorischen Verständnis von Supervision ablesen lassen.

So trägt der gemeinsam mit Wolfgang Schmidbauer herausgegebene Band „Supervision und Psychoanalyse" explizit den Untertitel „Plädoyer für eine emanzipatorische Reflexion in den helfenden Berufen" (vgl. Pühl/Schmidbauer 1986a). Die Autoren grenzen sich einleitend von dem offenbar manchmal erhobenen Vorwurf der Studenten- und Protestbewegung ab, wonach Supervision ein „unseliges Mittel der guten Anpassung an schlechte Bedingungen" (vgl. Pühl/Schmidbauer 1986b, 7) sei. Demgegenüber konstatieren sie vielmehr, dass zum damaligen Zeitpunkt Professionelle aus dem sozialen Bereich ihre Arbeit in zunehmendem Maße im Rahmen von Supervisionen reflektierten und somit im besten Fall veränderten (vgl. ebd.). Die Autoren rekurrieren, ähnlich wie Wittenberger, auf die Psychoanalyse als emanzipatorische Praxis. Das Individuum gelangt zu einer selbstkritischen Reflexion seiner helfenden Tätigkeit, erkennt die darin unbewusst manifestierenden Muster und kann hierdurch seine berufliche Identität weiterentwickeln (vgl. ebd. 18ff.). Pühl/Schmidbauer ergänzen jedoch den inviduumsbezogenen Zugang durch die Analyse der gesellschaftlichen Gegebenheiten, „unter denen psychisches Leid massenhaft entsteht, verwaltet und behandelt wird" (ebd., 17). Darüber hinaus ist es ihnen wichtig, „die psychoanalytische Sichtweise um die Dimension Gruppe und Institution" (ebd.) zu erweitern. Die Institution sei durchwirkt von der „gesellschaftlich-politischen Realität" (ebd., 16).

In der Einleitung zu einem Buch „Team-Supervision. Von der Subversion zur Institutionsanalyse" beschreibt Pühl (1998), einen Paradigmenwechsel, den er anhand seiner eigenen professionellen Entwicklung aufzuzeigen sucht. Sein Verständnis von Team-Supervision in den 1980er Jahren schildert er als analytisch und subversiv. Als sein damaliges Anliegen stand die Stärkung der Mitarbeiter im Fokus, um hierdurch ein „Gegengewicht gegen die meist autoritäre Leitung bilden zu können" (ebd., 7f.). Selbstkritisch beschreibt er allerdings rückblickend, dass die therapeutisch-analytische Perspektive dazu verführte, „den institutionellen Kontext nicht ausreichend in den Blick zu nehmen" (ebd., 9). Anstelle der dichotomen Annahme (Team und Leitung) trat schließlich im Laufe der Zeit eine „dialektische Sichtweise". Diese Entwicklung stellt für ihn einen Erkenntnisgewinn dar. Gleichzeitig merkt er jedoch kritisch an, dass sich die Dichotomie verlagert habe: auf den „Kampf der Institutionen unter(gegen)einander ums nackte Überleben" sowie den alten „Kampf zwischen den Industrienationen und den Rohstoffländern" (ebd., 11).

Der Paradigmenwechsel, der sich anhand Pühls Veröffentlichungen aufzeigen lässt, spiegelt beispielhaft den von Busse gegebenen geschichtlichen Überblick zur Supervisionsgeschichte wider (vgl. Kap. 2.1.2). Es lässt sich der antiautoritäre Duktus aus dem Geist der Studentenbewegung ablesen, aber schließlich auch die Öffnung hin zum Einbeziehen von organisationstheoretischem Denken sowie die Etablierung des Dreiecksvertrags als professionellem Standard. Bezogen auf den Dreieckskontrakt verdeutlicht Pühl, dass hierdurch die Einbindung der Leitung bei der Team-Supervision vollzogen werde und die Rede „vom Team als Schonraum" (Pühl 2000, 136) zu differenzieren sei. Er warnt vor einer „Bündnisbildung als unbewusster Subversion" (ebd., 137).

Der emanzipatorische Impetus von Supervision zeigt sich, meiner Ansicht nach, darüber hinaus in reflexiven Darstellungen und professionsethischen Positionierungen.

So beschreibt beispielsweise Busse (2008) sein supervisorisches Selbstverständnis folgendermaßen:

> *„Mein professionelles Selbstverständnis als Supervisor und Hochschullehrer lässt sich als „kritischer Entwicklungsbegleiter" und „-initiator" bezeichnen. Ich nehme Lebens- und Arbeitsverhältnisse kritisch ins Visier, um den Supervisanden ein reflexives Verhältnis zu sich und den jeweiligen Bedingungen als Voraussetzung für die Gewinnung neuer Handlungsalternativen zu ermöglichen. Das beinhaltet einen aufklärerischen Anspruch zu praktischem Handeln, der die Würdigung des routinisierten Arbeitsalltags zugleich mit dessen kritischer Problematisierung verbindet." (ebd., 52)*

Als in der Supervision zu beachtende Werte nennt Busse professionelle Ansprüche an die Arbeit, humanistische sowie ökonomisch und ökologisch sinnvolle Kriterien, welche ansonsten häufig im Berufsalltag ausgehöhlt würden. Er umschreibt sein eigenes Selbstverständnis als Supervisor und das von vielen seiner KollegInnen mit den Schlagworten „Klären – Aufklären – (besser) Handeln". (vgl. ebd.)

Busses Kriterien sind in ihrer humanistischen und Gemeinwohlorientierung mit den ethischen Positionierungen der DGSv vereinbar. Gleichzeitig benennt er das Spannungsfeld zwischen kritischem Hinterfragen einerseits und benötigter Unterstützung des Arbeitsalltages andererseits. (vgl. ebd., 52f.)

Auch bei Weigand (2015) wird ein emanzipatorisches Grundverständnis von Supervision deutlich. Er führt dieses auf die Anfänge der Entwicklung der deutschen Supervision zurück (vgl. ebd., 16), was bereits im geschilderten Abriss zur Supervisiongeschichte von Busse aufgezeigt wurde (vgl. Kap. 2.1.2) . Auf die Frage nach seinem Bild von Supervision im Jahr 2025 äußert Weigand (2015) sich zur politischen Dimension supervisorischer Tätigkeit.

> *„Die Supervisorin ist auch künftig herausgefordert, ein kritisches, gesellschaftliches Bewusstsein mit zu entwickeln und wach zu halten. Dies bezieht sich nicht vorrangig auf die makropolitischen Fragestellungen, sondern auf die soziale Wirklichkeit im mesopolitischen Raum und in der Mikropolitik der Organisationen. Wenn dort beispielsweise, wie gegenwärtig häufig der Fall, Konflikte personalisiert, individualisiert und über die Suche nach dem Sündenbock moralisiert, die Ursachen im System aber nicht reflektiert werden, dann ergibt sich für die Supervisorin die Aufgabe, den Perspektivwechsel zu ermöglichen und zu fördern. So ist die Beschreibung unserer Marktgesellschaft als kapitalistische nicht nur unkritisch als ein selbstverständlicher und nicht mehr hinterfragbarer Zustand hinzunehmen, sondern ist durch den kritischen Hinweis auf verzerrtes, ungerechtes und destruktives Wirtschaften zu ergänzen." (ebd., 17)*

Tölle (2007) benennt die Hoffnung, dass veränderte Haltungen auf indirekte Weise transformatorische Wirkung entfalten. „Auch wenn gesellschaftliche Verhältnisse, Wirtschaftsformen und Bedingungen des beruflichen Handelns nicht immer unmittelbar und nachhaltig beeinflussbar" (ebd., 8) seien, so konkretisiert die Autorin durchaus emanzipatorische Wirkungsmöglichkeiten von Supervision.

> *„Supervisand/innen erkennen a) ihnen zugängliche Einflussmöglichkeiten im Beruf (als Beschäftigte) und in der Gesellschaft (als Bürger/Innen); und b) realisieren sie die Grenzen solcher Einflussnahme, inte-*

grieren sie so, dass einer diffusen Frustration eine entschiedene Begrenzung weicht, die Klarheit schafft." (ebd.)

Die Autorin versteht Supervision als Weiterbildung und sieht ihren heutigen aufklärerischen Auftrag in Bezug auf die Kritik an der „Willkür des Kapitals" (ebd., 9):

> *„Es ist die Kritik an wachsender soziale [sic!] Ungerechtigkeit, an Ausgrenzung ganzer Bevölkerungsgruppen vom sozialen und politischen Leben, die Empörung darüber, dass viele unterhalb der Armutsgrenze leben und einige sich millionenschwer bereichern können, ohne dass die Justiz auf unrechtmäßige Vorgänge Einfluss hätte." (ebd., 9)*

Supervision ist, laut Tölle, kein Ersatz für gesellschaftspolitisches Engagement. Sie habe aber als Weiterbildungsformat durchaus emanzipatorische Ansprüche. (vgl. ebd., 11)

2.4. METHODISCHE ÜBERLEGUNGEN

> *„Doch auch das Auswählen ist alter Brauch in der Sozialen Arbeit, warum man ihr häufig den Vorwurf von Eklektizismus gemacht hat. Dieser Eklektizismus erweist sich allerdings jetzt nach dem Zusammenbruch aller nur denkbaren großen Entwürfe als die wirklich pragmatisch, moderne Möglichkeit überhaupt (manche gebrauchen dafür den schillernden Ausdruck post-modern). Aber auch diese Haltung scheint viel älter als die Soziale Arbeit zu sein, empfiehlt doch schon die Heilige Schrift: ‚Prüfet alles und was brauchbar ist, das behaltet' (1. Thess. 5,21)." (IBS 2001, 109)*

Rappe-Giesecke (2002a) hält fest, dass im Rahmen der Supervisionsentwicklung eine große methodische Vielfalt entstanden ist. Aus ihrer Sicht hat sich die strikte Trennung zwischen „Schulen-spezifischer" Praxis aufgelöst (vgl. ebd., 63). Das oben von Rappe-Giesecke genannte Motto „form follows function" (vgl. Kap. 2.1.1) stellt dar, dass die **Methodenwahl eine dienende Funktion** hat: sie muss dem Beratungsanlass und den Prozesszielen entsprechen.

> *„Je nachdem, ob die Person, die Profession, die Gruppe, die Organisation oder die gesellschaftlichen Rahmenbedingungen im Vordergrund stehen, brauche ich andere Handwerkzeug [sic!], um dem Fokus angemessen zu*

> *arbeiten. Was SupervisorInnen, die eine einzige Orientierung propagierten, vor Jahren noch als ‚Herkulesarbeit', Eklektizismus und Verrat an der Supervision erschien, ist heute professioneller Standard." (Rappe-Giesecke 2002a, 64)*

Dies macht deutlich, dass auf Seiten der Supervisorin ein kritisches Bewusstsein über ihre Stärken und Schwächen in den jeweiligen Bereichen bedeutsam ist. Die Herausbildung **nicht nur einer instrumentellen Kompetenz, sondern auch von Selbstkompetenz und sozialer Kompetenz** ist deshalb eine wichtige Voraussetzung für die angemessene Methodenwahl (vgl. ebd., 62). Zwei Aspekte hebt Rappe-Giesecke hierbei hervor:

- Selbstreflexion und -erfahrung: „SupervisorInnen müssen in der Lage sein, ihre Person als Instrument zu nutzen" (ebd.).
- Passung zur professionellen Identität: „Passt die Methode zu mir als Person und SupervisorIn, d.h. zu meinen Wertvorstellungen und meinen Fähigkeiten?" (ebd., 63).

Meiner Meinung nach muss zudem eine Passung erfolgen, ob und inwieweit das Gegenüber oder die teilnehmende Gruppe sich auf die Methode einlassen kann. Dies ist in Bezug auf den Einsatz von theatralen Interventionen von hoher Bedeutung, erfordert dieser doch eine Offenheit für interaktive Methoden. Hierbei spielt sicher auch die eigene Überzeugung und Begeisterung bei der Einladung zu dem Vorgehen eine wichtige Rolle, damit sich die Gruppe auf diese Arbeitsweise einlassen kann.

Das Stichwort „Einladung" stellt für mich die Konsequenz aus der systemischen Haltung und dem systemtheoretischen Ansatz dar. Ich kann aus diesem Verständnis heraus lediglich „Prozessbegleiterin" sein und Angebote machen, da ich die Autonomie und das Expertentum des Gegenübers achte. Gleichzeitig gilt es – wenn ich autopoietische Prozesse voraussetze – hinsichtlich meines Anspruchs an die Wirkung der Interventionen bescheiden zu sein. Dennoch hilft eine instrumentelle Kompetenz bei der Wahl gangbarer Interventionen und als Orientierung im „prinzipiell Un-Entscheidbaren" (vgl. von Foerster 1993, 351).

Für den in dieser Arbeit fokussierten systemischen Zugang seien nun beispielhaft **„systemische Methoden"** genannt. Ihnen wohnt das Potential inne, Perspektiven zu erweitern, Umdeutungen zu erzielen und das System in solcher Weise zu verstören bzw. pertubieren, damit es

> *„sich dazu verführen und anregen lässt, die vorhandenen Konstruktionen in der Art zu verändern, dass sie für das soziale System brauchbarer werden. Mit anderen Worten: die Möglichkeit alternativer Wirklichkeitskonstruktionen wird unterstützt." (Hercher 2003, 31)*

Von Schlippe/Schweitzer (2016) nennen in ihrem Lehrbuch der systemischen Therapie und Beratung u.a. folgende Methoden: systemisches Fragen, symbolisch-handlungsorientierte Interventionen, Kommentare in und nach dem Gespräch sowie das sog. Reflektierende Team (vgl. ebd., 223-341).

Im Zusammenhang mit dem TdU sind die **symbolisch-handlungsorientierten Interventionen** interessant, weil sie in gewissem Sinne theatralen Zugängen ähneln. In dem Kapitel „Theatralität und Supervision" wird dieser Zusammenhang genauer betrachtet werden (vgl. Kap. 4).

Im Laufe der Supervision-Entwicklung gab es eine methodische Erweiterung von rein sprachlich basierten Zugängen auf kreative Verfahren und eine **vermehrte Einbeziehung der Leiblichkeit** in die Prozessarbeit. Unter dem Stichwort **„Embodiment"** erfährt das Einbeziehen des Körpers auch im theoretischen Diskurs aktuell Aufmerksamkeit[11]. Vor allem neurophysiologische Erkenntnisse, beispielsweise zur Funktion der Spiegelneuronen, geben dieser (erneuten) Beachtung des Wechselspiels von Psyche und Körper Aufwind (vgl. Kaldenkerken 2018a, 2). Auf methodischer Ebene hat sich **insbesondere die Arbeit mit dem Psyschodrama in der Supervision als körperbezogene und theatrale Methode schon lange etabliert**[12]. Auch in neueren Arbeiten wird betont, dass psychodramatische Supervision hilfreich sein kann, „da sie mit ihren Arrangements und Techniken einer szenischen Gestaltung eine Verbindung von Symbolen, Körper und Sprache herstellen kann" (Heppekausen 2016, 108).

Inwiefern werden bei dieser Methode gesellschaftliche und institutionelle Rahmenbedingungen in den Blick genommen? Heppekausen (2016) be-

---

11 Dies zeigt sich z.B. anhand der Zeitschrift „Supervision" (3/2018) die ein ganzes Heft dem Thema „Verkörperte Beratung – Embodiment und Supervision" widmet.

12 Buer (2001) hat zusammen mit anderen Vertreterinnen dieser Richtung einen Überblick über die „Praxis der Psychodramatischen Supervision" herausgegeben. Weitere Rezeptionen finden sich in A. Schreyöggs (2010) integrativem Modell von Supervision (vgl. ebd., 245ff.) sowie in Bezug auf das Psychodrama als Ausgangspunkt für Praxisberatung und Praxisforschung bei Krall (2008, 251-268).

schreibt, dass der Blick auf Systemzusammenhänge eine sinnvolle Ergänzung sein kann, um eine Individualisierung sozialer Konflikte zu vermeiden.

> *„Von Fall zu Fall kann es sinnvoll sein, zu einer Weitung des Blicks aus der im besten Sinne utopischen Perspektive einer für alle menschenwürdigen Gesellschaft einzuladen und damit kritisch auf gesellschaftlich relevante Diskurse zu schauen und mit ihnen zusammenhängende soziale, ökonomische und politische Bedingungen, Organisationssysteme oder wie immer gesellschaftliche Zusammenhänge in den jeweiligen Theorien benannt werden." (ebd.)*

Sie sieht die Phase, die dem kreativen Spiel folgt, als Ort der „Reflexion der Szenen und Vermittlung von Individuum und Gesellschaft" (ebd., 115).

> *„Hier ist die reflexive Herausforderung das Entweder-oder von gesellschaftlicher Determiniertheit oder subjektiven Allmachtsfantasien, wie sie in der morenoschen Psychodramatheorie aufscheint, am konkreten Fall zu vermitteln." (ebd.)*

3. THEATER DER UNTERDRÜCKTEN (TDU)

3.1. ALLGEMEINE EINFÜHRUNG

Das Theater der Unterdrückten (TdU) wurde von dem Brasilianer Augusto Boal[13] begründet. Auf Grund von politischen Repressionen floh Boal 1971 nach Argentinien ins Exil. Dort begann er Techniken für ein „dialogisches, partizipatorisches, politisches Theater" (Ebbers 2014, 55) zu entwickeln, die er „immer gezielter einsetzte, systematisierte und theoretisch-ideologisch untermauerte" (Thorau 2003, 314).

Im Rahmen der theatralen Arbeit wird mit realen Konflikten der Teilnehmenden gearbeitet und eine soziale Transformation anvisiert. Boal spricht bei den realen Problemsituationen von „Unterdrückung" (vgl. Ebbers 2014, 55). An dieser Formulierung wird bereits deutlich, dass Boal in seiner Weltanschauung und damit auch in seiner Sprache von einem dialektisch-marxistischen Denken geprägt ist. So ist auch seine Intention zu verstehen, mit Mitteln des Theaters gesellschaftliche Trennungen, geschaffen durch „dominante Klassen" (Boal 2005 zit. ebd., 56), aufzuheben. **Ziel** ist eine Transformation der Gesellschaft, ausgehend von den Unterdrückten.

Laut Ebbers (2014) ist bei allen Methoden des TdUs der **Dialog ein zentrales Prinzip**. Durch den Dialog zwischen Schauspielerinnen und Zuschauerinnen strebte Boal die Aufhebung der Grenze zwischen Bühne und Zuschauerraum an. Er entwickelte den Begriff des „espectador", was im Deut-

---

13 Augusto Boal (1931-2009) erlangte weltweit große Bedeutung „durch seine praktischen und theoretischen Arbeiten vor allem in theaterwissenschaftlichen sowie in theater- und sozialpädagogischen Zusammenhängen" (Zumhof 2012, 15). Er gilt als einer der international bedeutendsten Theaterpädagogen seiner Zeit (vgl. Weintz 2006, 9). Seine Arbeit hatte von Anfang an politisch-aufklärerischen Charakter, was unter der ab 1964 herrschenden Diktatur in Brasilien zu zunehmenden Repressalien führte. 1971 wurde Boal verhaftet und gefoltert. Er kam dank internationaler Proteste nach drei Monaten frei und ging u.a. in Argentinien ins Exil. Boal entwickelte seine Theatertechniken und -formen weiter und begann sie zu ordnen und zu publizieren. Jedoch verschärfte sich auch in Argentinien die politische Situation. Boal ging schließlich 1976 ins europäische Exil. In Paris gründete er ein Theaterzentrum (vgl. Haug 2005, 44f.). Von dort aus war Boal in ganz Europa aktiv. Er stellte seine Techniken auf diversen Theaterfestivals vor und löste „in der Workshop-Euphorie der 1970er/80er Jahre einen regelrechten Boal-Boom" (Thorau 2003, 314) aus. Mit Ende der Militärdiktatur kehrte Boal in sein Heimatland zurück. Hier gründete er 1989 das „Zentrum des Theaters der Unterdrückten" (CTO-Rio). Als Stadt-Abgeordneter der Arbeiterpartei erprobte Boal mit seinem Team des CTO-Rios die Form des sog. Legislativen Theaters (vgl. Ebbers 2014, 68f).

Boal erhielt gemeinsam mit Paulo Freire die Ehrendoktorwürde der Universität Nebraska sowie die Pablo-Picasso-Medaille der UNESCO (vgl. Haug 2005, 44f.). 2008 folgte eine Nominierung zum Friedensnobelpreis und ein Jahr später wurde Boal zum UNESCO-Botschafter für Theater ernannt. Bis zu seinem Tod im Jahr 2009 entwickelte und systematisierte Boal gemeinsam mit seinen Mitarbeitern des CTOs die Methoden des TdUs weiter und publizierte über seine Theaterarbeit (vgl. Ebbers 2014, 70).

schen von vielen Autorinnen mit „Zu-Schauspielerin" oder „Zu-Schauspieler" übersetzt wird. Die Zuschauerinnen werden angeregt sich aktiv einzubringen und dadurch zu Schauspielerinnen zu werden. Gemeinsam geschieht eine Probe für die Wirklichkeit (vgl. ebd., 55f.). So „kann und soll die Übertragung des künstlerisch Erarbeiteten in den Alltag erreicht werden" (ebd., 60). Boal bleibt nicht stehen bei dem Anspruch, im Theater die Realität als beherrschbar und veränderbar zu zeigen, sondern betont, dass es „wichtig ist, sie *tatsächlich* zu verändern" (Boal 1979 zit. in Feldhendler 1992, 30; Hervorhebung A.K.).

> *„Alle sollen darstellen, alle sollen zu Hauptakteuren (Protagonisten) für die notwendigen Transformationen der Gesellschaft werden." (Boal 2009 zit. ebd., 56)*

Gipser (1999) bringt das TdU folgendermaßen auf den Punkt: Es sei ein „emanzipatorischer Lern- und Forschungsprozess [...], in dem biographische Selbstreflexion und soziologisches Experimentieren im Hinblick auf Wirklichkeitsveränderung verknüpft sind" (Gipser zit. in Haug 2005, 75).

Analyse und Handeln stehen hierbei in wechselseitiger Beziehung:

> *„Veränderung ist der kontinuierliche Weg des dialektischen Zusammenhangs zwischen Reflexion (Nachdenken, Beobachtung, Analyse) und Aktion (Handlung, Intervention, Veränderung)." (Haug 2005, 75)*

Das TdU lässt sich nur unter Berücksichtigung seines **Entstehungskontextes** verstehen. Die politische Situation in Brasilien bzw. Südamerika, die Auseinandersetzung und persönliche Erfahrungen damit prägten Boals Denken und die Entwicklung seiner Theatermethoden. Boal erlebte selbst die Unterdrückung, die unter der Militärdiktatur Brasiliens herrschte. 1971 wurde er als Leiter des „Teatro Arenas" in São Paulo verhaftet und gefoltert. Es folgten viele Jahre des Exils. (vgl. Ebbers 2014, 57)

> *„Das Theater der Unterdrückten und seine Formen [...] entstanden als Antwort auf die Repressionen in Lateinamerika, wo täglich Menschen auf offener Straße niedergeknüppelt werden, wo die Organisationen der Arbeiter, Bauern, Studenten und Künstler systematisch zerschlagen, ihre Leiter verhaftet, gefoltert, ermordet oder ins Exil gezwungen werden." (Boal 1989 zit. ebd.)*

Folglich ist Boals Theaterarbeit **„geprägt vom politisch-theoretischen Diskurs des Befreiungskampfes der 1960er Jahre"** (Thorau 2003, 310). Der Zeitgeist der damaligen politischen Widerstandsbewegung in den verschiedenen Ländern Lateinamerikas war geprägt vom Gedankengut der Befreiungstheologie (vgl. Ebbers 2014, 57; Staffler 2009, 18) sowie von einem marxistischen Klassenverständnis[14] (vgl. Ebbers 2014, 56). Hagleitner (1996) beschreibt in ihrer Darstellung von Paulo Freires befreiender Bildungsarbeit die historische Situation, in welcher dieser – und damit auch sein Landsmann und Freund Boal[15] – stand, mit Figueroa als „eine Zeit weltweiter politischer Gärung und moralischer Empörung" (Figueroa 1989, zit. in ebd., 81).

Im europäischen Kulturraum erfuhr das TdU eine Wandlung von den politischen Widerstandsthemen hin zu sozio-psychologischen Themen, wie „Umwelt, Geschlecht, Ethnien, Familie und Arbeit" (Thorau 2003, 310).

Die **Entwicklungs- und Rezeptionsgeschichte** des TdUs[16] ist nicht ausschließlich an Boals biographische Stationen und seine Wirkungsperiode geknüpft (vgl. Fritz 2013, 115), sondern es ist mittlerweile eine „weltweit praktizierte ästhetische und politische Bewegung" (Zumhof, 2012, 17). Als eine solche Bewegung ist es in seiner Entwicklung nicht abgeschlossen (vgl. Haug 2005, 43). Haug bezeichnet das TdU als einen „interdisziplinäre[n], transprofessionelle[n] Ansatz" (ebd., 43), da es sich über die „Grenzen zwischen Theater, Pädagogik, Politik, Psychologie und Soziologie" (ebd.) hinwegsetzt. Seine Ausgestaltung ist so unterschiedlich wie es die jeweiligen Kontexte und die dortigen gesellschaftlichen Strukturen sind. Laut Staffler (2009) bleibt ihnen jedoch das „Ankämpfen gegen Unterdrückung mit Hilfe des Theaters" (ebd., 18) gemein.

14 Die vielfältigen Einflüsse, die sich im TdU niederschlugen, sollen noch im Zusammenhang der theoretischen Annahmen Boals geschildert werden (vgl. Kap. 3.2.2).

15 In der Literatur werden vielfach die Bezüge zwischen Boal und Freire betont. Diese bestanden nicht nur auf inhaltlicher, sondern auch auf persönlicher Ebene. Boal verband mit Freire eine väterliche Freundschaft. Er arbeitete in einem der Alphabetisierungsprogramme von Freire in Peru mit. Beide bewegten sich in ähnlichen Kreisen der „Intelligenzia" Lateinamerikas. Auf Grund ihres Engagements für Demokratisierung in Lateinamerika mussten sie zudem ähnliche Lebensphasen (Verfolgung, Exil, Rückkehr und spätere Auszeichnungen) durchlaufen. (vgl. Fritz 2013, 55ff.)

16 Für einen kurzen Überblick, wie das TdU in den 1990er Jahren in Deutschland Niederschlag fand: vgl. Neuroth 1994, 58f.. Der Sammelband von Wiegand (2004a) gibt einen Einblick in deutsche sowie europäische Anwendungen des TdUs. Bei Fritz (2013) lässt sich einer der aktuellsten Überblicke finden, in welcher Bandbreite das TdU weltweit angewendet oder in wissenschaftlichen Publikationen aufbereitet wird (vgl. ebd., 25-33). Aktuelle Entwicklungen lassen sich zudem an der vorliegenden Buchreihe „Berliner Schriften zum Theater der Unterdrückten" ablesen.

3.2. THEORETISCHE GRUNDANNAHMEN

3.2.1. Zur Namensgebung

Die **Bezeichnung „Theater der Unterdrückten"** geht auf einen Buchtitel zurück. Bei dessen Formulierung spielten offenbar in erster Linie ganz pragmatische buchhändlerische Überlegungen eine Rolle, welcher Titel sich besser verkaufe. Die schließlich gewählte Formulierung betrachtete Boal als eine stimmige **Analogie zu Freires „Pädagogik der Unterdrückten"**. (vgl. Staffler 2009, 17; 29)

Boal betont vielfach die Relevanz von Freires „Pädagogik der Unterdrückten" (PdU) für sein künstlerisches, aber auch pädagogisches Selbstverständnis und die Entwicklung des TdUs (vgl. Fritz 2013, 55f.). Die Rede von „Unterdrückung" und „den Unterdrückten" sowohl bei Freire als auch bei Boal spiegelt zudem das im vorherigen Kapitel erwähnte marxistisch geprägte Gedankengut der damaligen Widerstandsbewegungen gegen die Militärdiktaturen in Lateinamerika wider (vgl. Staffler 2009, 18).

Hagleitner (1996) fasst **Freires Verständnis vom Phänomen der Unterdrückung** zu folgenden Kernaussagen zusammen:

1. Das Verhältnis von Unterdrückern und Unterdrückten ist eines von gegenseitiger Abhängigkeit.

2. Kulturelle Invasion, Mythologisierung und Manipulation sind Instrumente der Unterdrückung.

3. Eine Kultur des Schweigens ist die Folge der Unterdrückung. (vgl. ebd., 86-92)

Sie betont ebenfalls die historische Bedingtheit dieser Analyse und dass Freire selbst heute sicherlich manches spezifischer formulieren würde (vgl. ebd., 86). Hinsichtlich der Undifferenziertheit mancherlei Aussagen Freires hinterfragt Zumhof (2012) beispielsweise Freires „Verständnis von einer in sich geschlossenen, homogenen Gruppe von Unterdrückten" (ebd., 25). Angesichts der auch damals bereits heterogenen Bevölkerung Brasiliens (z.B. mit indigenen oder schwarzafrikanischen Wurzeln) bezweifelt Zumhof diesen „Mythos einer gelungenen Kulturverflechtung oder der uneingeschränkten Solidarität zwischen den von Unterdrückung betroffenen Individuen" (ebd.). Freires Verdienst läge jedoch darin, „den durch die Kolonialisierung gewachsenen Rassismus als Resultat einer Macht erhaltenden Praxis zu entlarven" (ebd.).

Dem sei Boals Aussage gegenübergestellt, die von seinem Bewusstsein über die Diversität auch innerhalb verschiedenster marginalisierter Gruppen zeugt.

> *„Deshalb ist die beste Definition des Theaters der Unterdrückten, die, dass es sich um das Theater der unterdrückten Klassen auch all jener innerhalb dieser Klassen Unterdrückten handelt." (Boal 1980 zit. in Fritz 2013, 88)*

Wie genau sieht nun **Boals Auffassung von Unterdrückung** aus? Er bezieht sich auf Freire, der jedoch einen pädagogischen Blickwinkel einnimmt und bei welchem sich die unterdrückerischen Verhältnisse in der anti-dialogischen Beziehung des Lehrer-Schüler-Verhältnisses materialisieren (vgl. Freire 1973, 58). Boal überträgt die Gegensätze von „Subjekt/Objekt, Aktivität/Passivität, Produzent/Konsument" (Feldhendler 1992, 28) auf den Bereich des Theaters. Aus der marxistischen Lesart heraus entwickelte er Techniken, um dem „Zuschauer die theatralen Ausdrucksmittel zu übereignen" (Zumhof 2012, 59). Die Zuschauer sollten zu Handelnden und Agierenden befreit werden – im Theater, wie auch im Leben. In Boals Ausführungen zu seinem theaterwissenschaftlichen Bezugsrahmen setzt er sich kritisch mit dem aristotelischen System der Tragödie auseinander. Deren Idee der Katharsis nimmt aus seiner Sicht dem Zuschauer die Fähigkeit zu handeln (vgl. Fritz 2013, 87). Unterdrückung ist hier also zu deuten in dem Vorgang, wie „passive, ohnmächtige, ‚ruhig' gestellte Zuschauer_innen ihre Kraft den im Rampenlicht stehenden Akteur_innen übergeben, welche an ihrer Stelle handeln" (ebd., 88).

> *„ [...] das, mit Freire gesprochen, antidialogische Verhältnis zwischen Bühnenakteur und Zuschauer, das vor allem die Bühnenfiguren, nicht die Darsteller, zu Übermenschen stilisiere und den Beobachter vom Handeln ausschließe, [wird] in ein dialogisches, herrschaftsfreies Verhältnis überführt. Das Heraustreten des Publikums aus der konsumierenden Rolle des Rezipienten feiert Boal als Befreiung des Zuschauers, der im Zuge dieser Emanzipation zum* ***espect-atores*** *bzw. zum „Zu-Schauspieler" (oder „spect-actor") werde." (Zumhof 2012, 58; Hervorhebung im Original)*

Somit spiegelt sich in der Bezeichnung „Theater der Unterdrückung" auch immer Boals Zielrichtung von gesellschaftlicher und persönlicher Transformation durch das Theater wider.

> *„Boal will mit seiner Theaterarbeit die gesellschaftliche und die persönliche Entwicklung fördern. Wobei er unter Entwicklung immer auch Befreiung von Unterdrückung versteht. Der Begriff Unterdrückung wird dabei sehr vielseitig verstanden. Ist er zu Beginn seiner Arbeit von politischer und militärischer Unterdrückung ausgegangen, ist er mittlerweile bei einer sehr persönlichen, durch Wertevorstellungen selbstverantworteten Unterdrückung angelangt." (Heindl 2012, 157)*

Mit diesem Zitat ist die **Wandlung von Boals Verständnis der Unterdrückungsformen** angedeutet. Vor dem Hintergrund der Erfahrungen während seines europäischen Exils stellte Boal fest, dass Unterdrückung hier eher subtilerer Natur sei. Sie zeige sich in Problemen wie Isolation, Einsamkeit, Lebensangst, Beziehungslosigkeit. Isolierung bezeichnet Boal als die stärkste Variante psychischer und politischer Unterdrückung (vgl. Feldhendler 1992, 27).

Boal hält jedoch weiter an dem Begriff fest. Die Formen von Unterdrückung in Europa seien lediglich andere. Sie gehörten aber genauso abgeschafft, lediglich auf entsprechend anderen Wegen[17]. (vgl. Boal 2016, 68)

Die Ablehnung des Begriffs „Unterdrückte", so erklärt Boal weiter, sei letztlich ein erneuter Akt der Unterdrückung, „denn Frauen, Gastarbeiter, Farbige, Arbeiter oder Bauern würden nicht sagen, dass es keine Unterdrückung gebe" (ebd.).

Mit dieser impliziten Verteidigung des Begriffs wird deutlich, in welchem **Diskursfeld** das „Theater der Unterdrückten" – allein durch seine Begrifflichkeit – offenbar stand und auch heute noch steht.

Über die Anerkennung hinaus, dass es Unterdrückung gibt, ist v.a. die immanente Positionierung für die Unterdrückten Anstoß für abwehrende Reaktionen. Beispielsweise beschreibt Letsch (1991) in seiner Darstellung von Bildungsarbeit mit dem TdU und wie es in der deutschen Bildungslandschaft Einzug erhielt Folgendes:

17 Siehe hierzu die Beschreibung der Entwicklung der introspektiven Techniken im Kap. 3.4.2.5.

> *„Schon das Wort ‚**Unterdrückung**' teilt in der Anwendung in Europa die Reaktionen in Interesse oder schnelle Ablehnung. Gymnasialdirektoren und Institutsleiter wittern schon Agitation oder Probleme mit Vorgesetzten, wenn allein der Titel im Programm auftaucht." (ebd., 175; Hervorhebung im Original)*

Birgit Fritz (2013) konstatiert ebenfalls, eine schnell entstehende ablehnende Haltung zum Begriff „Unterdrückung" (vgl. ebd., 23). Er finde aktuell kaum seine Anwendung[18]. Sie sieht hierin Freires Analyse bestätigt, dass naturgemäß auf Seiten der „Unterdrücker" kein Interesse an einem kritischen Bewusstsein auf Seiten der „Unterdrückten" bestehe (vgl. ebd., 52).

> *„Das Mitte des 20. Jahrhunderts verwendete Vokabular hat ausgedient, wird es verwendet, erfährt es immer wieder Ablehnung. Die Gründe sind nicht viel anders als zu Zeiten Freires: Den Unterdrücker_innen sind die Unterdrückten unheimlich und niemand möchte sich selbst gerne als unterdrückt definieren." (Fritz 2013, 52)*

Die Autorin beschreibt, wie in heutigen Diskursen Sprache in Richtung des Unpolitischen kippe. Beispielsweise bergen für sie Adjektive wie „benachteiligt" oder „nicht integriert" die Gefahr, dass lediglich der Fokus auf die Integration von Menschen und sozialen Gruppen gelegt und hierbei „die Frage nach der Veränderbarkeit von Systemen, in welchen diese Integration geschehen soll", außer Acht gelassen wird. (vgl. ebd.)

Veränderungsmöglichkeiten und -notwendigkeiten in den Blick zu nehmen bedeutet, den Status Quo nicht hinzunehmen und bei der heutigen Tendenz zur Desorientierung und Resignation zu verbleiben – „mangels greifbarer Visionen und Utopien (wie sie früher für viele der Kommunismus darstellte). [...] Boal und Freire konnten das niemals akzeptieren und richteten ihre Bemühungen auf die Schaffung neuer Denk- und Freiräume" (Fritz 2013, 53).

So gilt es **auch heute**, zur Wahrung der Menschenrechte, strukturelle Formen von Gewalt und Ausbeutung, Machtmissbrauch, Diskriminierung oder andere Formen von unterdrückerischen Verhältnissen klar zu benennen. Julian Boal (2010) – Augusto Boals in Frankreich geborener und aufgewachsener Sohn – nennt als Beispiel für die weitere Gültigkeit des Begriffs

---

[18] Möglicherweise ist die in der Einleitung erwähnte Beobachtung, dass bei manchen Unternehmenstheateranbietern und auch der genannten Fortbildung der Name „Theater der Unterdrückung" keinen expliziten Eingang findet, als Beleg dieser Aussage zu werten.

„Unterdrückung" das vorherrschende Patriarchat, welches sich in Frankreich z.B. in ungleicher Bezahlung von Männern und Frauen trotz gleicher Qualifikationen manifestiere (vgl. J. Boal 2010 zit. in Ebbers 2014, 58).

In folgender Aussage zeigt sich für mich bei Julian Boal ein **differenzierteres Begriffsverständnis**. Die strenge Dichotomie, wie sie noch im marxistischen Duktus der frühen Jahre des TdUs zu erkennen ist, wird aufgelöst.

> *„Es soll durch diese Begriffswahl nicht „schwarz-weiß" gemalt werden; die Welt soll nicht in „gut" und „schlecht" eingeteilt werden. Jeder Mensch sei Teil verschiedener sozialer Gruppen und könne so Unterdrückter und Unterdrücker zugleich sein." (J. Boal 2010 zit. in Ebbers 2014, 58)*

Auch bei Diamond (2013), dessen sog. „Theater zum Leben" stark von Boal beeinflusst und aus dem TdU herausgewachsen ist, zeigt sich diese Differenzierung (vgl. Diamond 2013, 40)[19]. Auf eine systemische Weltsicht bezugnehmend beschreibt er,

> *„dass die entgegengesetzten Pole von Unterdrücker und Unterdrückten in Wirklichkeit Teile desselben großen Organismus sind, der irgendwie nicht im Einklang mit sich lebt. [...] Die klaren Grenzen, von denen wir allzu gerne denken, dass sie zwischen Unterdrückern und Unterdrückten existieren, sind oft alles andere als klar." (Diamond 2013, 57)*

In Anerkennung der Komplexität sozialer Wirklichkeit zeichnet sich Diamonds Arbeitsweise durch ein hohes Interesse an einem unvoreingenommenen theatralen Erforschen des Unterdrückungsphänomens aus. Er scheut sich nicht davor, auch den Motiven und Hintergründen nachzugehen, die die „Unterdrücker" ausmachen und prägen. Dies dient dazu, nicht bei einer schematischen Darstellung eines Antagonisten zu bleiben, sondern zu versuchen diesen differenziert darzustellen. Hierbei bricht Diamond mit Boals Vorgabe, auf der Bühne ausschließlich das Augenmerk auf die unterdrückte Figur zu legen und diese von den Zu-Schauspielerinnen austauschen zu lassen. Nimmt man Boals Angaben dogmatisch, so kann Diamonds Vorgehen kritisch gesehen werden. Für Hahn (2013) bedeutet dieser Bruch mit dem „TdU-Dogma" (ebd., 26) jedoch nicht den Verlust einer politischen Positionierung. Im Vorwort zu Diamonds Buch betont er, dass es diesem weiterhin darum gehe, „den Blick auf gesellschaftliche

19 Mehr zu Diamonds Theaterarbeit findet sich im Kap. 4.2.1.2.

Strukturen zu richten, um Fragen stellen zu können, wie z.B. Warum unterdrücken Menschen andere Menschen?" (ebd, 25).

Hahn schildert selbst ein Beispiel aus seiner praktischen Arbeit, in welcher die Stereotypien aufgelöst wurden. Ein Zuschauer wollte den Antagonisten und nicht die Protagonistin einer Szene ersetzen. Er zeigte damit auf, dass auch der Antagonist Unterdrückung erlebe und die Rollen nicht so eindeutig verteilt seien. Hahn sieht es letztlich als weiteren Akt der Emanzipation, wenn die Zu-Schauspielerinnen selbst entscheiden können, welche Figur sie austauschen wollen. (vgl. ebd., 25f.)

So kann eine Abkehr von einem mechanistischen Weltbild, in welchem klar in Gut und Böse eingeteilt wird, ermöglicht werden (vgl. Hahn 2018, 95).

Eine Diskussion der Frage, wie die Parteilichkeit des TdUs auf Grund seiner zugrunde gelegten Annahmen mit der Supervision zu verbinden ist, soll noch im Resümee geführt werden (vgl. Kap. 5). Hinsichtlich der Begriffsverwendung als solche sei jedoch schon mal vorweggesagt, dass der Wandel zu einer differenzierten Sichtweise – „von einer Zweidimensionalität hin zu mehr Pluralität" (Staffler 2009, 105) – auch vor Hintergrund eines systemischen Supervisionsverständnisses hilfreich ist. Es gilt die Komplexität von Wirklichkeit anzuerkennen und zu vermeiden, Zusammenhänge linear zu deuten oder kausalen Schuldzuweisungen und stereotypen Zuschreibungen den Vorschub zu leisten. Eine undogmatische Handhabung der TdU-Methoden als solche lässt sich ebenfalls gut mit einer systemischen Arbeitsweise in Einklang bringen. Diese legt an die Methodenwahl Kriterien der Viabilität, Nützlichkeit sowie der Anschlussfähigkeit an. Bei der Anwendung von Methoden ist folglich ebenfalls wichtig, bereits bei den Erläuterungen anschlussfähige Formulierungen zu finden. Sie garantieren nicht das Gelingen einer Intervention. Es ist jedoch sicherlich zielführender, wenn die verwendeten Begriffe für das Gegenüber greifbar sind und seiner Lebenswirklichkeit entsprechen[20]. Angemessene Formulierungen zu finden ist nicht gleichbedeutend damit die eigene Haltung und klare Positionierung preiszugeben.

20 So schildert der TdU-Praktiker Staffler (2013), wie er für die Arbeit in der Suchtprävention, auf die Zielgruppe angepasste Formulierungen verwendet, wie z.B. „unter Druck" (vgl. ebd., 20).

3.2.2. Zugrunde liegender Bezugsrahmen

„For me to exist Paulo Freire must exist." (Boal 2005 zit. nach Fritz 2013, 58)

In den vorangehenden Kapiteln wurden bereits die starken Bezüge zwischen Augusto Boal und Paulo Freire und ihren Konzepten benannt. So ist als eine der **wichtigsten Einflussgrößen auf die Entwicklung des „Theater der Unterdrückten" Freires „Pädagogik der Unterdrückten (PdU)"** zu nennen. Birgit Fritz bezeichnet die frühen Werke Freires als „Grundsteinlegung für die pädagogisch-politische Ausrichtung des TdUs" (Fritz 2013, 48). Boal publizierte seine Bücher erst nach Freires frühen Texten und im Anschluss bzw. während seines Mitwirkens bei einem Alphabetisierungsprojekt Freires (vgl. ebd.).

Freires Grundgedanken können somit – dieser Hypothese folgend – auch als prägend für Boal angesehen werden. Auf Freires Analyse des Phänomens von Unterdrückung ist bereits eingegangen worden (vgl. Kap. 3.2.1). Das erklärte Ziel von Freire als auch von Boal ist die Veränderung der unterdrückerischen Verhältnisse, die sich in anti-dialogischen Beziehungen manifestieren. Boal deutet dies auf seinen Wirkungsrahmen hin aus: das Theater. Freire beschreibt selbst das TdU als eine mögliche Umsetzungsform seiner Pädagogik (vgl. Haug 2005, 42).

Zumhof (2012) arbeitet als entscheidenden Unterschied bei Boals praktischen und **theatertheoretischen Fortsetzungen der PdU** Folgendes heraus: Freire definiert den Menschen über sein Bewusstsein, Boal über den Körper[21]. Während für ihn somit kritische Bewusstseinsbildung der emanzipatorische Dreh- und Angelpunkt ist, geht Boal von einer **Emanzipierung des Leibes** aus. (vgl. ebd., 19; 102)

Für Boal steht die leibliche Bedingtheit des Menschen im Vordergrund und menschlichen Dialog versteht er als körperlich-szenisches Aushandeln. Zumhof stellt diese anthropologischen Grundaussagen Boals in eine Tradition mit anderen pädagogischen und philosophischen Auseinandersetzungen, wie z.B. von Feuerbach und Buber (vgl. ebd., 73ff.).

21 „Der Mensch ist in erster Stelle und am meisten ein Körper. [...] Und dieser Körper – dieser menschliche Körper, der wir sind – hat fünf Haupteigenschaften: 1. Er ist sinnlich, 2. Er ist emotional, 3. Er ist rational, 4. Er hat ein Geschlecht, 5. Er kann sich bewegen." (Boal 2006, 43f.)

> *„Nach Ansicht Boals tendieren unsere Sinne, unsere Gefühle und unsere Körper durch die alltägliche Wiederholung dazu, mechanisch zu werden. Unsere Weltsicht und unser Handlungsrepertoire würden immer enger und eingeschränkter, unsere Kreativität lasse nach und wir akzeptieren die Welt so wie sie ist, anstatt sie zu verändern und zu gestalten." (Staffler 2009, 68)*

Über die Übungen und Spiele im TdU soll der Körper durch die Sprache des Theaters – in den Worten Boals – (wieder) „alphabetisiert" werden. In dieser Annahme der Notwendigkeit einer Befreiung von „sozialisierten, unbewussten Internalisierungen und Inkorporierungen" (Zumhof 2012, 77) sowie in der Rede vom Ablegen „soziale[r] Masken und Rituale[n]" (Boal 2016, 65) können soziologische Analogien gesehen werden, die Boal heranzieht – z.B. zu Bourdieus Habitus-Konzept oder Goffmans Betrachtung sozialer Wirklichkeit unter den Vorzeichen von Theatralität (vgl. Zumhof 2012, 77f.).

Den Bezug zwischen PdU und TdU bringt Zumhof (2012) auf folgende **vier gemeinsame Kernaspekte**:

1. die inhaltliche Orientierung an existentiellen Notlagen einer sozialen Gruppe
2. die Idee der Alphabetisierung
3. die dialogische Ausrichtung
4. die Kultivierung der Kritik[22]

(vgl. ebd., 102)

Beide eint zudem die **grundsätzliche positive und optimistische Sicht auf den Menschen**, „denn nur dann ergibt der Wunsch nach einer Befreiung und Verbesserung der Welt für die Unterdrückten einen Sinn" (Staffler 2009, 32). Der Mensch steht in einer dialektischen Beziehung zur Welt und ist ein Wesen des Dialogs sowie der Praxis (vgl. Hagleitner 1996, 84).

Hinsichtlich seiner **theaterwissenschaftlichen Überlegungen** setzte sich Boal in Abgrenzung zur aristotelischen Trennung von Poetik und Politik stark mit **Brecht** und dessen Ansätzen zu dem Theater innewohnenden

[22] Boal bezieht sich nicht konkret auf kritische Gesellschaftstheorien, sondern speist seine Kritik aus den alltäglich erlebbaren Unterdrückungssituationen (vgl. Zumhof 2012, 105).

gesellschaftsverändernden Potential auseinander (vgl. Fritz 2013, 92; Staffler 2009, 51; Neuroth 1994, 43ff.). Auch nimmt Boal bei seinen Theaterübungen Bezug auf **Stanislawski** und seiner „Priorität des emotionalen Gedächtnisses in der Verkörperung einer Rolle" (Feldhendler 1992, 26; vgl. auch Haug 2005, 45; Zumhof 2012, 55f.; Staffler 2009, 51).

Feldhendler (1992) stellt fest, dass sich bei Boal viele **„Parallelen und Ähnlichkeiten zu einzelnen Wesenszügen und Phasen von Morenos Methoden** des Stegreiftheaters, des Psychodramas und des Soziodramas" (ebd., 27; 99) zu finden seien. Er folgt hier Thorau, der eine Verwandtschaft zwischen dem TdU und dem Psychodrama bis in einzelne Strukturelemente erkennt (vgl. Thorau zit. ebd., 100).

Laut Feldhendler (1993) erlebte Boal als Teilnehmer selbst das Psychodrama, jedoch seien seine Erfahrungen damit – nach dessen eigenen Aussagen – nicht weitreichend (vgl. ebd., 301). Anfangs distanzierte Boal sich von therapeutischen Verfahren, da sie eher konträr zu seinen Ansätzen seien. Ihm zufolge gehe es beim Psychodrama um eine Anpassung des Menschen an das bestehende Gesellschaftssystem, während er auf eine Befähigung zur Veränderung der Unterdrückungsmechanismen abziele. (vgl. Boal 1980 zit. in Feldhendler 1992, 52)

Diese scharfe Abgrenzung basiert für Feldhendler (1992) jedoch auf einer anfänglichen Ermangelung eines tieferen Verständnisses der Lehre Morenos (vgl. ebd., 52ff.). Es ist bei Boal eine Entwicklung zu erkennen, in der er zunehmend die therapeutische Wirkung von Theater (an)erkannte. Dies lässt sich an dem Untertitel zu seinem Buch (2006) „Der Regenbogen der Wünsche. Methoden aus Theater und Therapie" und der darin beschriebenen Zuwendung zu introspektiven Methoden ablesen (vgl. ebd., 96).

Bevor Feldhendler (1992) in seinem Buch „Psychodrama und Theater der Unterdrückten" eine mögliche Integration der beiden Ansätze aufzeigt, stellt er eine fundierte Analyse der konzeptionellen Unterschiede und Gemeinsamkeiten dar. Über die bereits von Thorau postulierte methodisch-strukturelle Verwandtschaft fänden sich auch Gemeinsamkeiten auf der Ebene von grundlegenden Annahmen. Es gibt Ähnlichkeiten beim Menschenbild. Sowohl Moreno als auch Boal erkennen im Theater ein veränderndes und therapeutisches Potential (vgl. ebd., 100).

Der Autor arbeitet folgende **Parallelen der Ansätze** heraus:

- *Die Annahme der Veränderbarkeit individueller und sozialer Konflikte*
- *Schöpferische und kreative Prozesse bergen das Potential zur Veränderung individueller und sozialer Konflikte*
- *Beide Konzepte gehen von einem Handlungsaxiom aus: „Handeln ist heilender als Reden"*
- *Prinzip der Handlungen ist eine „als-ob"-Realität. Schein und Sein, Realität und Fiktion fallen zusammen*
- *Das dramatische Spiel ist Handlungsinstrument und dient einer „Metapraxis"*
- *Der Handlungsraum birgt eine „Surplus-Reality", also eine Erweiterung der Realität, die Folgendes bewirkt: Bewusstseinserweiterung hinsichtlich der äußeren und inneren Realität und die Möglichkeit einer Zukunftsprobe*
- *Das befreiende Moment von Aktions- und Gruppenkatharsis*
- *Das methodische Instrumentarium ähnelt sich stark: von Warm-up-Phasen, dem Einbeziehen des Körpers, Spieltechniken des Spiegelns, Doppelns, Rollentauschs bis hin zur Partizipation*

(ebd., 59)

Beide Konzepte fördern

- *die spielerische Erprobung verschiedener Handlungsmöglichkeiten*
- *das Auslösen von Spontaneität*
- *die Freisetzung von kreativen Fähigkeiten*
- *die Erweiterung des Bewusstseins und des Handlungsspektrums gegenüber erstarrten Strukturen*
  (ebd.)

Unterschiede, die Feldhendler herausarbeitet, liegen in der deutlichen Verhaftung Boals bei seiner sozialkritischen Ausrichtung und seinem Selbstverständnis als Theatermacher (vgl. ebd., 52), während Moreno seinen Akzent auf die therapeutische Theorie und Praxis verlagerte. Im TdU geht es somit nicht um ein gezieltes Ansprechen und Aktivieren des Unbewussten, wenngleich Boal nicht bestreitet, dass solche Prozesse in der Theaterarbeit passierten. Während beim Psychodrama das „Individuum und die Gruppe sowie deren Interaktionsstruktur und Beziehungsnetz" (ebd., 55) im Zentrum stehen, ist es beim TdU die Gruppe selbst und ihre kollektiven Erfahrungen. Die im Letzten unterschiedliche Zielsetzung pointiert Feldhendler folgendermaßen: Das TdU ziele auf Transformation *der* Gesellschaft ab, das Psychodrama hingegen auf Veränderung *in der* Gesellschaft „durch Förderung der Integration des Individuums und der Gruppe" (ebd., 52). Während Moreno „Wege aus der Krise" suche, sieht Boal das Potential zur Veränderung in der „Kultivierung der Krise". Der entscheidende Unterschied liegt hier für Feldhendler in einem Antagonismus von „idealistischer und materialistischer Philosophie" (ebd., 56).

> *„Die Praxis des Psychodramas sucht durch emotionale Erfahrungen, rationale Einsicht und Integration Konflikte zu lösen. Sie schafft Wege aus der (individuellen und sozialen) Krise. Dagegen besteht das Theater der Unterdrückten aus einer Kultivierung der Krise. Die Konfliktlösung vollzieht sich in Boals Methode durch Aktivierung und Dynamisierung. In seiner dialektischen Dramaturgie geht es letzten Endes darum, den ‚aufrührerischen, revolutionären, verändernden Impetus' (Boal 1979, 89) in jedem Teilnehmer / Zuschauer zu stärken und zum Ausdruck zu bringen." (ebd., 56f.)*

Überschneidungen hingegen sieht Feldhendler wiederum in Boals sowie Morenos theoretischen Überlegungen zum ästhetischen Raum: „[...] dieselben Phänomene sind von beiden erkannt, jedoch unterschiedlich benannt worden" (ebd., 111).

Es finden sich noch **viele weitere methodische und theoretische Bezüge** beim TdU. Als weitere Wurzeln für die Übungen und Spiele Boals lassen sich „bioenergetische Körperarbeit, Feldenkrais, Encounter, Psychodrama, Gestalt, Sensitivity-Gruppen" (Werner 2014, 9) nennen. Dies verwundert nicht. Die Entstehung des TdUs liegt in den 1960er und -70er Jahren, in denen sich viele therapeutische, künstlerische Ansätze und Wahrnehmungsschulen entwickelten (vgl. Fritz 2013, 329). Aus dieser Fülle an Quellen konnte Boal schöpfen und war m.E. sicherlich aus diesem Grund für ähnliche Phänomene sensibilisiert. Die Inspirationen holte er sich jedoch stets aus der Sicht eines Theatermachers und vor dem Hintergrund seiner gesellschaftspolitischen Haltungen und Überzeugungen, geprägt durch seine biografischen Erfahrungen und die damalige politischen Situation.

3.2.3. Zentrale Grundbegriffe

Im Folgenden seien **zentrale Annahmen** aus Boals „Theatersystem[23]" (Fritz 2013, 349) aufgeführt:

Boal geht von einer Durchdringung der verschiedenen ökosystemischen Ebenen aus. Als Bild, wie sich intrapersonale, interpersonale und gesellschaftliche Ebenen gegenseitig durchdringen (sollten), wählt er das des biologischen Prinzips der **„Osmose"** (vgl. Haug 2005, 50). In dieser Sichtweise buchstabiert Boal seine leibbezogene Theoriebildung aus. Für ihn meint Osmose „das Durchdrungen-werden des Körpers von soziokulturellen Einflüssen" (Zumhof 2012, 77). Hierdurch wird bereits auf leiblicher Ebene Veränderung in Kraft gesetzt. Ziel ist es also,

> *„diese sozialisierten, unbewussten Internalisierungen und Inkorporierungen bewusst zu machen und in Expressivität umzuwandeln, oder mit Bourdieu gesprochen, aus dem Habitus auszubrechen." (ebd.)*

Staffler (2009) deutet die Annahme Boals folgendermaßen: Durch das TdU soll ein gesellschaftliches Ungleichgewicht abgebaut werden. Fließen Informationen in einer Einbahnstraße und herrscht ein Macht- und Herrschaftsgefälle, gilt es Austauschmöglichkeiten zu schaffen. Um im Bild zu bleiben: durch einen ausreichenden osmotischen Druck sollen alternative Ideen und ethische Werte eingebracht und verbreitet werden. Das TdU kann zu einem solchen Gegendruck und Ideen-Durchbruch beitragen. (vgl. ebd., 36f.)

Mit dem Begriff **„Metaxis"** beschreibt Boal das Phänomen, als Künstler der Realität anzugehören, aber durch den künstlerischen Prozess und dessen Produkt zugleich eine andere Wirklichkeit zu erschaffen. Indem Unterdrückte, laut Boal, zu Künstlern werden, erhalten sie auf diese Art Zugang zu anderen Wirklichkeiten (vgl. ebd., 37). Der Künstler könne „aus allem,

---

23 Hierzu sei angemerkt, dass Boal zwar stets seine praktische Arbeit theoretisch reflektierte und zu ordnen versuchte. Jedoch verstand er dies nicht als „normative Regeln", sondern als „work in progress" (Thorau 2003, 310), was sich auch in den Schriften und ihrer „Editionsgeschichte" (Baumann 2018, 10) niederschlägt. Bezogen auf die hier beschriebenen zentralen Begriffe Osmose, Metaxis und analoge Induktion erhebt Boal selbst keinen „Wahrheitsanspruch", sondern spricht von „Hypothesen", die seiner Theaterarbeit zu Grunde liegen (vgl. Boal 2006, 52f.).

was er in der Fiktion vollbracht hat, für sein eigenes Leben Schlüsse ziehen. [...] Szene und Bühne können so Übungsraum für das reale Leben sein" (Boal 2006, 56).

Der Begriff der **„analogen Induktion"** schließt an die bereits geschilderte Grundannahme an, dass individuelle Fälle stets auch grundlegendere Muster widerspiegeln, wie sich Macht- und Herrschaftsverhältnisse auch auf höheren Ebenen darstellen (vgl. ebd., 56ff.). Für Ebbers (2004) liegt hierin der Unterschied zur Therapie. Aus individuellen Konfliktsituationen wird das Kollektive abstrahiert, um ausgehend von der Mikroebene schließlich auf Transformation auf der Makroebene abzuzielen (vgl. ebd., 62). Die Funktion der analogen Induktion ist für Boal, „eine distanzierte Analyse anzuregen, mehrere Perspektiven anzubieten und die möglichen Gesichtspunkte, unter denen man die Situation betrachten kann, zu vervielfältigen" (Boal 2006, 57).

Mit **„Extrapolation"** bezeichnet Boal dann den durch das TdU anvisierten Transfer der Erfahrungen aus dem ästhetischen Raum des Theaters hinaus in den Alltag (vgl. Haug 2005, 51)[24].

3.3. HALTUNG

> *„So wie die alte didaktische Erziehung des letzten Jahrhunderts abgelöst wird von moderner demokratischer Pädagogik, so muss das alte didaktische Theater ersetzt werden durch das, sagen wir,* ***pädagogische Theater****." (Boal 2016, 8; Hervorhebung im Original)*

Freires pädagogische Haltung prägte Boals Selbstverständnis hin zu einer partizipativ ausgelegten Theaterarbeit und kann als ein wichtiger „ethischer Boden für das TdU als universelles Menschenrechtstheater" (Fritz 2013, 56) gesehen werden. Die oben von Boal zitierte „demokratische Erziehung" geht zurück auf Freire. Laut Hagleitner (1996) basiert dieses Erziehungsverständnis auf einer **humanistischen Grundhaltung**: einer Liebe zum Leben, zur Welt und zu den Menschen und auf dem Vertrauen in die menschlichen (Lösungs-)Fähigkeiten und deren schöpferisches Potential. Dies führt konsequenter Weise dazu, dass Lehrende sich nicht als „allwissend" betrachten und eine Haltung der Demut praktizieren sollten. Bil-

24 vgl. hierzu die Darstellung der Methodologie Boals unter Kap. 3.4.3.

dungsarbeit ist auf Dialog und einen gemeinsamen Suchprozess auf Augenhöhe angelegt. Ziel emanzipierender Pädagogik ist eine kritische Bewusstseinsbildung, die stets mit einer Praxis der Veränderung einhergeht. (vgl. ebd., 92ff.)

Die geschilderten Kernaussagen des zugrunde gelegten dialektischen Weltbildes des TdUs verdeutlichen, dass es von einer **klaren Positionierung** ausgeht. Es „kämpft an der Seite der Schwachen, der Ausgebeuteten, der Leidtragenden, der Hilfesuchenden" (Staffler 2009, 105).

> *„Theater der Unterdrückten zu machen ist eine ethische Wahl, es bedeutet Partei für die Unterdrückten zu ergreifen." (Boal 2005 zit. in Ebbers 2014, 59)*

Ebbers (2014) fasst zusammen, dass Boal davon ausgehe, dass Gesellschaften durch konfliktreiche Strukturen geprägt sind. Aus seiner Sicht sei die Annahme einer „neutralen" Haltung fragwürdig, da wir stets Teil einer Gesellschaft und in diesem Verständnis auch Teil von Konflikten sind. Somit stünden wir automatisch entweder auf Seite der Unterdrückten oder aber der Unterdrücker. Die Arbeit mit dem TdU sei immer eine ethische Entscheidung *für* die Unterdrückten. (vgl. Ebbers 2014, 59)

Um der weltweiten, mittlerweile fast nicht zu überschauenden TdU-Bewegung einen ethisch-philosophischen Kompass zu geben, entwarf Augusto Boal gemeinsam mit seinem Sohn Julian Boal, Luc Opdebeek und Ronald Matthijssen die sog. „Grundsatzerklärung des Theaters der Unterdrückten". Sie wurde 2003 auf der damaligen Website der internationalen TdU-Szene veröffentlicht (vgl. Fritz 2013, 104ff.). In dieser Erklärung finden sich die hier genannten zentralen Aspekte für eine angemessene Haltung beim Praktizieren des TdUs zusammengefasst wieder.

3.4. METHODIK

Die Darstellung der Methodik des TdUs wird mit Ausführungen zur Rolle des sog. Jokers eingeleitet, da dieser für den Prozessverlauf und die methodische Anwendung des TdUs eine wichtige Funktion hat. In dem Verständnis der Joker-Rolle zeigt sich die Verwobenheit der konzeptionellen Ebenen: Theorie, Haltung und Methode. Hier spiegelt sich das zentrale theoretische Theater-Verständnis Boals ebenso wider wie die soeben beschriebenen Haltungen, die dem TdU zu Grunde liegen.

3.4.1. Zur Funktion des Jokers

Im Zuge der Auflösung des „antidialogischen Verhältnisses zwischen Bühnenakteur und Zuschauer" (Zumhof 2012, 58) entwickelte Boal die Rolle des sog. **Jokers** (brasilianisch: curinga). Die Grundhaltungen, die ein Curinga verkörpert, basieren auf dem dialogischen Grundverständnis des TdUs.

Die Joker-Rolle kann grundsätzlich von jeder Person übernommen werden. Ganz im Sinne des dialogischen Prinzips von Freire, haben Joker keine höhere Position inne oder Befugnisse, die sie über andere Prozessbeteiligte erheben könnte. Lediglich ihre Funktion unterscheidet sie von anderen Gruppenmitgliedern. (vgl. Staffler 2009, 125)

Sie sind Anleiter für die Übungen und Techniken, steuern den Prozess und moderieren das Geschehen in der Gruppe. Bei den partizipativen Methoden, insbesondere dem Forumtheater (vgl. hierzu nachfolgende Beschreibung unter Kap. 3.4.2.4), stellen sie die Verbindung zwischen den Schauspielerinnen und den Zu-Schauspielerinnen dar. (vgl. Haug 2005, 52)

> *Staffler (2009) zählt folgende Aufgaben auf, die sich im Laufe der Entwicklung des TdUs bezüglich des Jokers herauskristallisiert haben: „Fascilitation[25], Workshopleitung, BegLeitung[26], Mediation, Moderation, Animation, Provokation, Aktivierung, Spiegel, Improvisation, Schauspiel,*

---

[25] Der Begriff „Facilitation" meint, ausgehend vom lateinischen Wort „facil": „Ermöglicher". Boal schaffte zusätzlich den Neologismus des „„difficultators', der auf die passenden Herausforderungen während des Prozesses der Teilnehmenden achtet". (vgl. Staffler 2009,126)

[26] In seinem Vorwort zu seiner Übersetzung von Diamonds (2013) *Theatre for Living* schreibt Staffler (2013), wie er zu der Wahl des Begriffs BegLeiters kommt (vgl. ebd., 21f.). Er steht in Abgrenzung zu einem Workshop-Leiter: „Der BegLeiter/Die BegLeiterin ermöglicht Prozesse, erleichtert die Behandlung eines Themas, fördert die Gruppe [...], er trifft Entscheidungen, um die Gruppe auf ihrem Weg zu unterstützen" (ebd., 22).

> *Prisma, Stimulation, Prozess- und Produktionsleitung, Pädagogik, Ästhetik, Analyse." (ebd., 126)*

Bei Staffler findet sich zudem die Bezeichnung eines Zeremonienmeisters (ebd., 126). Boal selbst beschreibt die Aufgabe der Curingas mit einer „Hebammen-Funktion" (vgl. Boal 1993 zit. in Haug 2005, 52).

Diese Vielfalt an Funktionen führt zu dem Namen „Joker", in Analogie zum Kartenspiel, in welchem der Joker ebenfalls verschiedene Funktionen übernehmen könne (vgl. ebd., 126).

Die Haltung des Jokers entspricht den humanistischen, pädagogischen und demokratischen Grundwerten des TdUs (vgl. ebd., 127). So sind wichtige Grundhaltungen ein „Bewusstsein für Demokratie und Partizipation, Glaube an den Intellekt der Betroffenen, ihre Fähigkeiten und ihre grundlegende Kompetenz zur Problemlösung sowie ein klares Wertebewusstsein" (Jackson 2005 zit. in Fritz 2013, 19). Joker sollen „dialogisch, motivierend, wertschätzend und empathisch vorgehen. Sie stellen eher Fragen, als dass sie Antworten geben" (Haug 2005, 40).

Joker sind stets in ihrer Präsenz und Klarheit gefordert (vgl. Staffler 209, 128). So stellt Haug (2005) heraus, welche Herausforderungen mit dieser Rolle einhergehen:

> *„Grundsätzlich wird die Joker-Rolle immer ambivalent bleiben. Denn auch wenn Joker sehr selbstkritisch und reflektiert handeln, besitzen sie durch ihre hervorgehobene Rolle mit besonderen Funktionen eine faktische Machtposition. Dieser Macht müssen sie sich bewusst sein, um transparent und demokratisch damit umzugehen." (ebd., 52)*

Die Funktion des Jokers im TdU erinnert an das Verständnis von systemischer Prozessbegleitung. Wie bei Rappe-Giesecke (2009) deutlich wurde, bezieht sich die Passung der Methodenwahl in der Supervision zum einen auf den Prozessanlass und das Ziel, zum anderen aber auch auf die Person der Supervisorin. Ihr methodisches Handeln entspricht ihrer konzeptionellen Orientierung, ihrer Person, Berufsbiografie sowie den eigenen Werten und Überzeugungen (vgl. ebd., 15f.). Der Selbsterfahrung und der Selbstreflexion, um sich selbst „als Instrument [zu] kennen und [zu] schulen" (Rappe-Giesecke 2002a, 62) kommt hierbei eine wichtige Bedeutung zu. So ist das Reflektieren meiner Erfahrungen in Gruppen oder des Umgangs mit

Macht und Autorität eine wichtige Voraussetzung für das eigene Leiten von Gruppen und Prozessen (vgl. ebd.).

3.4.2. Techniken

3.4.2.1. Zeitungstheater

Das Zeitungstheater ist eine Methode, die Boal in den 1960er Jahren in Brasilien entwickelte. Das Theater entstand erst auf der Bühne (vgl. Ebbers 2014, 66). Es wurden bereits veröffentlichte Texte genutzt und so konnte den Repressionen der Regierung und ihrer Zensur ausgewichen werden (vgl. Staffler 2009, 71). Neu war, dass das Publikum einbezogen wurde und die klassische Beziehung von Theaterproduzentin und Zuschauerin aufgelöst wurde (vgl. Boal 2016, 28; Ebbers 2014, 66f. sowie Staffler 2009, 67).

> *„Hier ist der Gegensatz zwischen Künstler und Zuschauer aufgehoben. Hier wird das Volk zum erstenmal [sic!] aktiv und kreativ." (Boal 2016, 29)*

Staffler (2009) stellt diese Entwicklung in den Kontext von Boals marxistisch geprägtem Denken:

> *„Ziel war es, dem Volk die Produktionsmittel für die Kunst in die Hand zu geben, anstatt eines fertigen Kunstprodukts." (ebd., 70)*

Das Zeitungstheater bezweckt, scheinbare Objektivität und die Manipulierbarkeit von Sprache zu enttarnen. Dies geschieht durch elf Lesetechniken, die teilweise durch perfomative Darstellungen ergänzt werden. Ausschnitte aus Zeitungen oder politischen Reden werden hierbei in einen gesellschaftlichen Kontext gestellt, um eine kritische Reflexion anzustoßen[27]. (vgl. Boal 2016, 28 ff.; Haug 2005, 53f. sowie Ebbers 2014, 66)

---

[27] Beispielsweise schilderte Boal den Effekt der Gegenüberstellung von Zeitungsmeldungen: „Die Schauspieler verlasen (ca. 1973) in einem Fußballstadion in Montevideo/Uruguay schlicht die veröffentlichte Menüabfolge eines Banketts zu Ehren des US-amerikanischen Botschafters. Das erzeugte ohne großen Aufwand eine starke Wirkung, denn im Land war der Verzehr von Rindfleisch auf Grund einer angeblichen Lebensmittelknappheit für vier Monate verboten worden" (Boal zit. in Staffler 2009, 73).

Bei Hahn (2004, 310-312) finden sich weitere konkrete Anwendungsbeispiele der Techniken, beispielsweise das „Pointierte Lesen", welches mit Genres spielt und wonach z.B. ein kriegerischer Bundeswehreinsatz als Kochrezept gelesen wird. Beim sog. „Gekoppelten Lesen" wird Widersprüchliches zusammengebracht, z.B. wird ein Bericht über ein Flüchtlingscamp auf den kanarischen Inseln mit einem Tourismus-Text kombiniert.

Haug (2005) kommt zu dem Schluss, dass das Zeitungstheater sich hervorragend eignen würde, „Wirklichkeitskonstrukte und die dahinter stehenden (versteckten) Interessen durch Re- und Dekonstruktion kritisch wahrzunehmen und zu analysieren" (ebd., 54).

Aus Sicht von Hüttler (2005) erscheint das Zeitungstheater in seiner damaligen Form heute als überholt. Jedoch betont er ebenfalls das Potential zum Anregen von kritischem Denken. Angesichts der Zunahme von Nachrichten, die über TV, Internet oder Magazine vermittelt würden, sei eine kritische Auseinandersetzung mit den Medien notwendig. (vgl. ebd., 129)

3.4.2.2. Unsichtbares Theater

Auch das Unsichtbare Theater ist eine Theaterform Boals, deren Entstehung im Kontext politischer Entwicklungen in Brasilien zu sehen ist. So wurde Boal 1971 aufgrund seiner politischen Gesinnung und seiner politischen Theaterarbeit in Brasilien verhaftet und gefoltert. Er wurde freigelassen, floh aber schließlich nach Argentinien und arbeitete in Buenos Aires weiter. Doch auch hier war er durch sein kritisches Theater angesichts der angespannten politischen Lage zunehmenden Restriktionen ausgesetzt. (vgl. Ebbers 2014, 67)

Das Unsichtbare Theater hob nicht nur die Trennung von Schauspielerin und Zuschauerin auf, sondern entfernte sich zusätzlich vom Bühnenraum. Der öffentliche Raum wurde zum Handlungsort, wo Schauspielerinnen – ohne sich zu erkennen zu geben – agierten und die Reaktionen aus dem öffentlichen Umfeld aufgriffen. (vgl. Ebbers 2014, 67)

Ziel dieser Theatertechnik ist es, Unterdrückungsformen in der Öffentlichkeit aufzudecken. Auch ermöglicht es, Hypothesen in der Praxis des Alltags zu überprüfen, z.B. das Fehlen von Zivilcourage. (vgl. Haug 2005, 55)

> *„Nicht eine Reinigung oder Entspannung des Zuschauers ist das Ziel, sondern das Gegenteil: **Aufruhr, um Unterdrückungen zu beenden.**" (Hüttler 2005, 123; Hervorhebung im Original)*

Die Theatergruppe wählt ein in der Öffentlichkeit relevantes Problem aus. Eine entsprechende Konflikt-Szene wird einstudiert, bei gleichzeitiger Vorbereitung auf zu erwartende Reaktionen und Eventualitäten. Die Schauspielerinnengruppe mischt sich unangekündigt unter die Anwesenden an öffentlichen Plätzen, wie U-Bahnen, Kneipen o.ä.. Es wird die Anfangsszene gespielt, z.B. wie ein Mann gegenüber seiner Ehefrau handgreiflich wird. (vgl. Vogtmann 2010, 25)

Boal beschreibt, dass hierdurch die konventionelle Theaterregel der Passivität des Zuschauers aufgelöst wird (vgl. Boal 2016, 34f.). Die Anwesenden wissen nicht, dass diese Szene eingeübt ist und müssen „aufgrund der scheinbaren Authentizität der Szene (re-)agieren oder zumindest (verbal) Position beziehen. Je nach Situation kann jedoch die Hemmschwelle für eine Einmischung sehr hoch liegen" (Haug 2005, 54). Nicht alle Schauspielerinnen sind in der anfänglichen Szene beteiligt. Sie mischen sich unter die beobachtenden Personen und können mit gezielten Interventionen, positives Verhalten demonstrieren. Dies kann somit im Sinne des Modelllernens zur Nachahmung animieren (vgl. Thorau 1993, 271).

Oder aber es werden Gespräche und Diskussionen mit den Anwesenden angestoßen. Letztlich ist diese Phase die eigentlich zentrale. Formen der gesellschaftlichen Unterdrückung werden sichtbar gemacht und es werden Anstöße für den couragierten Umgang damit gegeben. (vgl. Boal 2016, 34ff.)

Das Unsichtbare Theater wird kontrovers diskutiert. Während Boal die Befreiung des Zuschauers aus seiner Passivität hervorhebt, werfen ihm Kritiker vor, die Zuschauerinnen zu manipulieren. Sie in Ahnungslosigkeit zu halten, reproduziere ein Ungleichgewicht zwischen Zuschauerinnen und Schauspielerinnen. (vgl. Dörger zit. in Vogtmann 2010, 25; Haug 2005, 56; Jürgens 1993, 265f.)

Thorau (1993) beschreibt für die ethische Legitimität der Methode die eigene Betroffenheit der Schauspielerinnen als Voraussetzung für die Entwicklung der Szene. Außerdem sollten keine unwissenden Personen in die Anfangsszenen eingebunden werden. Sich einzumischen oder nicht, sollte ihrer freien Entscheidung überlassen werden. (vgl. ebd., 270ff.)

Ein weiterer Kritikpunkt ist die Frage nach der Wirksamkeit. Es wird hinterfragt, ob durch Unsichtbares Theater tatsächlich eine Bewusstseinsveränderung zu bewirken sei (vgl. Vogtmann 2010, 25). Das dezidierte Ziel des TdUs, gesellschaftliche Veränderungen herbeizuführen wird noch kritisch beleuchtet werden (vgl. Kap. 3.5.). Hinsichtlich des Unsichtbaren Theaters ist jedoch bemerkenswert, dass sich hierzu einschränkende Zitate von Boal selbst finden lassen. So merkt er an, dass eine Szene wohl hunderte von

Malen gespielt werden müsse, um eine politische Wirkung zu erzielen (vgl. Boal 2018, 52).

3.4.2.3. Statuentheater / Bildertheater

Während seines Aufenthaltes in Argentinien arbeitete Boal auch in verschiedenen anderen Ländern Lateinamerikas. In Peru arbeitete er in einem Alphabetisierungsprogramm von Paulo Freire mit und entwickelte hierbei künstlerische Methoden zum Spracherwerb. Es entstand ein Komplex an differenzierten Techniken, die im deutschsprachigen Raum unter dem Begriff „Statuentheater" oder „Bildertheater" zusammengefasst werden. Ihre Gemeinsamkeit ist es, dass die Teilnehmerinnen ihren oder den Körper anderer als Grundlage für die Inszenierung eines Bildes nehmen. (vgl. Haug 2005, 56)

Anstelle einer Diskussion sollen die Teilnehmenden ihre jeweilige Auffassung zu einem abstrakten Begriff, Wünschen, Gefühlen, Visionen oder zu einer Problemsituation in einer Skulptur darstellen. Dies geschieht, indem sie die Mitspielerinnen positionieren und ihre Mimik, Gestik, Körperhaltungen und Beziehungskonstellationen in Szene setzen. (vgl. Zumhof 2012, 66; Haug 2005, 56)

Mit Hilfe von Dynamisierungstechniken und Improvisation werden die Bildermodelle weiterbearbeitet (vgl. Staffler 2009, 78ff.). Beispielsweise werden weitere Standbilder modelliert: Das „Idealbild" (Boal 2016, 54) stellt die Wunschvorstellung der Teilnehmenden dar. Im „Übergangsbild" wird versucht zu erschließen, wie der Weg zum Idealbild aussehen könnte (Zumhof 2012, 66).

Boals Techniken ermöglichen mit formalen Mitteln die Gehalte der Bilder bewusst zu machen und verstehen sich als „Fragen an das Modell" (Staffler 2009, 83):

> *„Welche Erkenntnisse lassen sich gewinnen, wenn der Vorstellung Elemente, in Form von Gegenständen und Körperhaltungen hinzugefügt oder entzogen werden? Mit welchen Positionen innerhalb einer Vorstellung identifizieren sich die anderen Gruppenmitglieder?" (Staffler 2009, 85)*

Boal selbst beschreibt den Vorteil dieser Techniken darin, „Gedanken sichtbar zu machen [...], wozu gesprochene Sprache oft nicht in der Lage ist" (Boal 1989 zit. in Zumhof 2012, 66).

Auch spricht Boal der Methode aufdeckende Wirkung zu, da innerhalb kurzer Zeit ein Zugang zu einem Thema geschaffen wird (Boal 1989 zit. in Feldhendler 1992, 38).

Haug (2005) beschreibt, dass das Bildertheater durch seine non-verbale Vorgehensweise besonders bei Tabus, schwer zu beschreibenden Gefühlen sowie sprachlichen Barrieren hilfreich sein kann. Die Klärung von unbewussten, diffusen oder vielschichtigen Themen würde unterstützt. Während des Gruppenprozesses bei der Entwicklung der Bilder wird ein Dialog über die jeweiligen Wirklichkeitsvorstellungen und Veränderungen in Gang gesetzt. (vgl. ebd., 56f.)

Zusammen mit der, ebenfalls in Peru entwickelten, Methode der „simultanen Dramaturgie " bildet das Statuentheater die Grundlage für die Erarbeitung des Forumtheaters (vgl. Ebbers 2014, 67).

3.4.2.4. Forumtheater

Das Forumtheater ist wohl die verbreitetste Methode Boals (vgl. Staffler 2009, 87). Laut Haug (2005) kann das Forumtheater in kleineren, tendenziell eher homogenen Gruppen für einen pädagogischen Arbeitsprozess genutzt werden. Daneben wird es aber auch in öffentlichen Aufführungen mit heterogenem Publikum und einem eher ästhetischen Schwerpunkt verwendet. Es wird eine konkrete Unterdrückungsszene dargestellt, die potentiell veränderbar ist. Durch aktive Beteiligung aller Teilnehmenden (also auch der Zuschauerinnen als Zu-Schauspielerinnen) werden verschiedene Handlungsmöglichkeiten improvisiert, um hierdurch mögliche Lösungen zu erarbeiten. Die Szene wird wiederholt und die Zu-Schauspielerinnen können durch Stopp-Rufe sich selbst für die unterdrückte Protagonistin einwechseln und alternatives Verhalten erproben. (vgl. ebd., 61)

> *„Im Forumtheater werden keine Ideen suggeriert. Der Zuschauer erhält vielmehr Gelegenheit, eigene Ideen kritisch zu überprüfen und sie versuchsweise in die Praxis – die Theaterpraxis – umzusetzen. [...] Gehandelt wird in der Fiktion, aber die Erfahrung ist konkret." (Boal 2016, 57f.)*

Der Joker moderiert das Geschehen und ermutigt die Zu-Schauspielerinnen zur Partizipation und regt zur Reflexion und Diskussion über die Interventionen an. Haug (2005) betont die Wichtigkeit der dialogisch-demokratischen und fragenden Haltung des Jokers:

> *„Aufgabe des Jokers ist es nicht, zu urteilen und zu bewerten, sondern Zweifel zu formulieren und Fragen zu stellen: War eine bestimmte Intervention erfolgreich? Auf welche Weise? Warum (nicht)? Wie sieht es mit dem Transfer in den Alltag aus?" (ebd., 61)*

Staffler (2009) beschreibt, dass am Ende eines Forumtheaters miteinander ein brauchbares Handlungsmodell für die Zukunft entworfen wird und hierdurch der Transfer in die Alltagsrealität erfolgen soll (vgl. ebd., 94). Gleichzeitig jedoch standen für Boal die Diskussion und das Lernen im Vordergrund. Ziel ist es, aufzuzeigen, dass Veränderung und Mitgestaltung möglich sind, ohne fertige Rezepte zu predigen (vgl. Staffler 2009, 100).

> *„Im Forumtheater ist der Weg auch das Ziel, sodass es durchaus auch ein Erfolg ist, wenn keine zufriedenstellenden Lösungen gefunden werden, aber eine intensive Debatte zwischen den Beteiligten zustande kam. Außerdem verändert jede Intervention irgendetwas, bringt neue Aspekte ins Spiel, beleuchtet die Hintergründe der dargestellten Situation aus einer neuen Richtung." (Haug 2005, 61)*

Im Laufe der Zeit haben sich gewisse **Merkmale und Grundsätze** bei der Arbeit mit dem Forumtheater entwickelt:

- Die Ausgangsszene sollte nicht nur ästhetischen Anforderungen genügen, sondern auch „für das Publikum nachvollziehbar sein, (solidarische) Betroffenheit auslösen und zum Eingreifen provozieren" (Haug 2005, 60).

- Es gibt einen dramaturgischen Ablauf für das Forumtheater-Stück, welcher auf einen Höhepunkt zuläuft. Dieser wird mit „chinesische Krise" bezeichnet. Der Begriff birgt zweierlei Aspekte in sich: Gefahr, aber auch Gelegenheit und Chance. In der Ausgangsszene kommt es zum Scheitern des Protagonisten. Das Scheitern ist notwendig, um die im ersten Punkt genannte Betroffenheit zu erreichen und letztlich Reflexion und Aktion bei den Zu-Schauspielerinnen anzuregen. (vgl. Ebbers 2014, 94)

- Die Szene sollte eine potentiell veränderbare, also nicht ausweglose Situation darstellen (vgl. Staffler 2009, 99; Haug 2005, 60).
- Boal gab den konkreten Fragestellungen den Vorzug, da hierdurch die Antwort und Veränderungsmöglichkeiten umso präziser entwickelt werden können (vgl. Staffler 2009, 99ff.).
- Eigene Betroffenheit und Dringlichkeit der Themen schützt davor ins Lapidare abzugleiten (vgl. ebd.).
- Es wird auf Gewalt als Lösung verzichtet. Gewalt und ihre Auswirkungen werden aber durchaus analysiert. Für Boal galt der Grundsatz „Peace, not passivity", um eine Verwechslung von Gewaltlosigkeit und Friedfertigkeit mit Resignation und Passivität zu vermeiden. (vgl. ebd.)
- Eine Regelverletzung, die den Grundsätzen des Forumtheaters widerspricht, wäre es z.B. Fragen nachzugehen, wie Menschen sich besser manipulieren ließen oder Untergebene zum effizienteren Arbeiten gebracht werden können. Auch wäre es missbräuchlich, wenn im Vorfeld eines Forumtheaters bereits die Antwort feststünde. Dies wäre diametral zum dialogischen Verständnis des TdUs und würde Unterdrückung durch „Manipulation und Scheindemokratie" verstärken. (vgl. ebd., 105f.)
- Um nicht in Muster von Unterdrückung zu geraten, sondern verantwortungsvoll zu handeln, kann es nach Boal auch bedeuten, dass die genannten Regeln gebrochen werden (vgl. ebd., 99ff.).

3.4.2.5. Introspektive Techniken

> *„Zu Anfang hatte ich in Lissabon und Paris gelebt und im Laufe von fünfzehn Jahren in den verschiedensten europäischen Ländern gearbeitet. […] In diesen Workshops des Theaters der Unterdrückten kamen auch Formen der Unterdrückung zur Sprache, die mir neu waren: Einsamkeit, die Unfähigkeit mit anderen zu kommunizieren, die Angst vor der Leere. Jemandem wie mir, der vor einer brutalen Diktatur geflohen war, schienen diese Themen anfangs kaum der Aufmerksamkeit wert. Irgendwie fragte ich mich immer: ‚Wo sind die Polizisten?' So sehr war ich daran gewöhnt, gegen konkrete und sichtbare Unterdrückung zu arbeiten." (Boal 2006, 24)*

> *„Auch in Europa gibt es gewaltsame Unterdrückung, aber die meisten europäischen Länder haben verfeinerte Formen der Unterdrückung, sie ist bereits internalisiert. Man sieht nicht die Polizisten auf der Straße, weil man sie im Kopf hat." (Boal zit. in Feldhendler 1992, 41)*

Unter dem Übertitel „Regenbogen der Wünsche" sind komplexe introspektive Formen und Techniken zusammengefasst, die Boal ausgehend von seinen Erfahrungen im europäischen Exil entwickelte. In Lateinamerika war Unterdrückung sichtbar durch das Verhalten von Polizisten, dem Militär, Großgrundbesitzern oder durch Armut. Für Boal hat Unterdrückung in Europa subtilere und weniger sichtbare Formen. (vgl. Boal 2016, 67f.)

Wie auch in den obigen Zitaten beschrieben, erfuhr Boals Verständnis von Unterdrückung somit eine Erweiterung hin zu psychosozialen Themen:

> *„Das Spektrum der Themen hat sich erweitert: Neben sozial-gesellschaftlichen Fragestellungen wie Arbeitslosigkeit, Konsumgesellschaft, Kernkraftwerke und atomarer Bedrohung, neben dem Auftreten psychosozialer Probleme von Minderheiten und Randgruppen (Ausländer / Ausländerfeindlichkeit / Homosexuelle / das Recht auf Anderssein etc.) stehen auch ‚psychologische Themen' wie Isolation, Einsamkeit, Beziehungslosigkeit, Lebensangst etc.." (Boal zit. in Feldhendler 1992, 40)*

Boal begann gemeinsam mit seiner Frau, einer Psychoanalytikerin, in Theaterlabors mit introspektiven Techniken zu experimentieren. Sie dienten der Erforschung von intrapsychischen Mechanismen. Es entstand der Methodenkomplex „Regenbogen der Wünsche", mit welchem internalisierter Unterdrückung aber auch Wünschen, Befürchtungen und Sehnsüchten nachgegangen wird. (vgl. Staffler 2009, 106f.)

Da für Boal das Sinnbild der Unterdrückung Polizisten waren, wählte er den Begriff **„Polizisten im Kopf"** für verinnerlichte Autoritäten, die durch Ge- oder Verbote in bestimmten Situationen verhindern, zu tun, was man tun möchte (vgl. ebd.). Während die Polizisten in unseren Köpfen existieren, beschreibt Boal die „sozialen, politischen und ökonomischen Ursachenkomplexe von Unterdrückung" (Haug 2005, 59) auf Ebene dieses Sinnbildes mit „Polizeistationen und Polizeizentrale" (Boal 2006, 25). Es geht also wiederum um die zugrunde liegenden gesellschaftlichen Strukturen und nicht um den individuellen Fall. Die Darstellung der internalisierten Verbote erfolgt mit konkreten Personen, wie z.B. Eltern, Lehrern, Priestern oder Chefs (vgl. Staffler 2009, 107f.). Durch die theatrale Darstellung werden die

„Polizisten" sichtbar und bearbeitbar, sodass in einem zweiten Schritt kollektive Überlegungen zur Bekämpfung der „Polizeizentralen" thematisiert werden können (vgl. Haug 2005, 59).

Bei der Methode **„Regenbogen der Wünsche"** wird mit den inneren Stimmen von Wünschen und Befürchtungen o.ä. gearbeitet. Sie können sich verkomplizierend auf unsere Beziehungen auswirken und auch innere Widersprüche beinhalten. Diese Widersprüchlichkeit ist menschlich, da immer verschiedene Wünsche und Befürchtungen gleichzeitig mitschwingen und Gefühle somit nicht in „Reinkultur" existieren. Dies zu entdecken und hierüber Klarheit zu erlangen ist das Ziel dieser Methode. (vgl. Staffler 2009, 110f.)

Das Bild des Regenbogens steht hier metaphorisch für die Vielfältigkeit menschlicher Gefühle und Wünsche (vgl. ebd., 113).

Die Techniken „Polizist im Kopf" sowie der „Regenbogen der Wünsche" können genutzt werden, um (gesellschaftliche) Tabu-Themen aufzudecken (vgl. Letsch/Balby 1999, 16).

Haug (2005) betont, dass die Arbeit mit den introspektiven Techniken für intensive (Selbst-)Erfahrungen von erfahrenen Personen angeleitet werden sollten. Sie können jedoch auch in weniger komplexer Form Anwendung bei den Proben zur Erarbeitung von Forumtheater-Szenen finden. Für letzteres beschreibt Boal zudem ein großes Repertoire an sogenannten prospektiven, also vorbereitenden Techniken zur „Untersuchung subjektiver Wahrnehmungen, Interessen, Erwartungen und problematischer Verhaltensmuster". Die Gruppe dient hierfür als Ressource und es wird bewusst an dem Zusammenhang von Körperhaltungen und inneren Haltungen gearbeitet. (vgl. ebd., 59)

Boal beschreibt in dem Buch „Regenbogen der Wünsche" (2006) ausführlich seine introspektiven Techniken und ihre Varianten und veranschaulicht sie durch verschiedene Beispiele aus seiner Theaterpraxis. **Im Folgenden soll ein konkreteres Bild der Methoden „Polizist im Kopf" und „Regenbogen der Wünsche" gegeben werden**, da sie bereits auf den ersten Blick für die Supervision gut einsetzbar erscheinen. Ich orientiere mich exemplarisch an einer Beschreibung von Staffler (2009, 111ff.), der sich wiederum auf Boals (2006, 138-150) Darstellungen bezieht.

Polizist im Kopf

Die Protagonistin stellt eine Modellszene von einer Situation dar, wo sie etwas tut, was sie nicht möchte oder umgekehrt, etwas *nicht* tut, was sie aber eigentlich möchte. Anschließend stellt sie mit Hilfe der anderen Gruppenmitglieder (Stand-)Bilder von heimlich anwesenden, konkreten Personen hin. Diese sog. „Polizisten" können z.B. die eigene Mutter mit über dem Kopf zusammengeschlagenen Händen sein oder der Vater mit erhobenem Zeigefinger. Die anderen Zu-SchauspielerInnen können Angebote von weiteren „Polizisten" machen, die sie meinen, in der Szene entdeckt zu haben. Die Protagonistin entscheidet, ob sie die vorgeschlagene Person akzeptiert oder ablehnt. Anschließend werden die verschiedenen Zu-Schauspielerinnen mit der jeweiligen Haltung von der Protagonistin zusammen mit sich selbst in einer, von ihr gewählten Konstellation in die Mitte gestellt. (vgl. Staffler 2009, 111)

Die anderen Teilnehmenden geben ein Feedback zu der Wirkung des entstandenen Bildes. Dies kann auf beschreibender Ebene (z.B. „Drei Figuren machen eine Faust.") passieren, aber auch auf deutende Weise – dann aber klar als subjektive Interpretation markiert (z.B. „Die Figur xy wirkt auf mich niedergeschlagen/ bedrohlich."). Im Anschluss geht die Protagonistin in einen Monolog mit jeder Figur und benennt Erinnerungen und Assoziationen, die nicht kommentiert werden. (vgl. ebd., 111f.)

Im Anschluss wird die Modellszene mit allen auftretenden „Polizisten" erneut gespielt und die Protagonistin kann sich nun „zur Wehr" setzen, indem sie die Figuren bewegt, verschiebt und ihre Haltungen verändert, welche jedoch in Zeitlupe in ihre ursprüngliche Haltung zurückkehren. (vgl. ebd., 112)

Es ist von großer Wichtigkeit auf das Befinden der Hauptperson zu achten, da diese mit der Ausgangssituation sowie ihren „Polizisten im Kopf" konfrontiert ist (vgl. ebd.). Die Gruppe der anderen Teilnehmenden kann hier als unterstützende Ressource genutzt werden, indem sie z.B., ähnlich dem Forumtheater, verschiedene Varianten von Handlungen gegen die „Polizisten" anbietet, sodass die Protagonisten eine Vielzahl von Handlungsmöglichkeiten erlebt. Auch können die Gruppenmitglieder in Stellvertretung für die Protagonistin, wie eine Art „Antikörper", gegen die einzelnen Polizisten spielen. Die Protagonistin kann „wie auf einem Jahrmarkt [...] herum gehen und jeweils das Spiel eines Antikörpers mit und gegen einen ‚Polizisten' beobachten" (ebd., 113).

Abschließend erfolgt ein wertfreier Austausch über das Gespielte, um „Überraschungen, Erkenntnisse und Erfahrungen aller Beteiligten zu Tage" zu fördern und ein „vielschichtiges Lernen über sich selbst, über andere und über die dargestellten Inhalte" (ebd., 113), z.B. über den Umgang mit Autoritäten, zu ermöglichen.

Regenbogen der Wünsche

Diese Methode trägt zur Klärung von Wünschen und Gefühlen, die häufig gemischter Natur sind, bei und hilft neue Perspektiven darauf zu erhalten. „Dabei muss es sich nicht notwendigerweise um Unterdrückungsverhältnisse handeln. Die Befreiung kann hier von Ungewissheiten und Unklarheiten erfolgen" (Staffler 2009, 114).

Auch hier werden der Protagonistin durch die Zu-Schauspielerinnen Spiel-Angebote gemacht, von Aspekten wie Wünschen, Gefühlen oder Befürchtungen, die sie in der Modellszene entdeckt haben. Die Protagonistin kann diese Vorschläge annehmen oder ablehnen. Die verschiedenen Zu-Schauspielerinnen nehmen eine entsprechende Haltung ein und stellen sich an die Seite der Protagonistin, sinnbildlich wie die verschiedenen Farben eines Regenbogens. Die Protagonistin geht in einen Monolog zu den verschiedenen Aspekten, z.B. ob sie gern mehr oder weniger von diesem Gefühl hätte?, ob sie diese Befürchtung gerechtfertigt findet oder nicht? (vgl. ebd., 114)

Daran können sich verschiedene Formen von Improvisationen anschließen. Beispielsweise kann die Modellszene erneut gespielt werden. Dieses Mal jedoch aus der ausschließlichen Perspektive einer der „Farben" und der ihr entsprechenden Haltung zu der Situation. Auch gibt es eine Variation, wonach die Protagonistin die Teile des „Regenbogens" zu sich in Beziehung stellt, ähnlich wie auf einem Spielbrett[28]. (vgl. ebd., 115)

Außerdem kann die Protagonistin mit den verschiedenen von den Zu-Schauspielerinnen dargestellten Wünschen in einen Dialog gehen und versuchen „Willen und Wunsch in Einklang zu bringen" (Boal 2006, 154). Der Wille ist hierbei eine bewusste Kraft. Die Wünsche hingegen werden ent-

28 Es besteht aus meiner Sicht auch eine Ähnlichkeit zu Aufstellungen, wie im Kap. 4.1. aufgezeigt werden wird.

weder durch den Willen unterstützt oder agieren im Spiel eine Art „trotzige[r] Selbstverteidigung gegen einen Willen, der das Gegenteil möchte" (ebd., 155), aus. Hier zeigt sich m.E. Boals Beeinflussung durch das psychoanalytische Verständnis von intrapsychischen Konflikten.

In einer weiteren Spielvariante kann die Protagonistin den Platz der Antagonistin einnehmen oder aber sie kann Wünsche in eine Spielimprovisation treten lassen, die aus ihrer Sicht in Konkurrenz stehen. So kann z.B. der Wunsch nach Nähe in einen Dialog treten mit der Befürchtung, vereinnahmt zu werden. (vgl. ebd., 115f.)

Abschließend wird die Ausgangsszene nochmals gespielt. Die Protagonistin kann hierbei ihre neu gewonnenen Erfahrungen und Beobachtungen einfließen lassen. Der ästhetische Raum kann nun verlassen werden.

Erst jetzt schließt sich eine Reflexionsphase an, in der alle Beteiligten ihr Erleben und ihre Beobachtungen einbringen können. Wichtig ist, so betont Boal auch hier, dass die Spielleitung darauf achtet, dass zwischen Beobachtungen und Interpretationen unterschieden wird. Es gehe nicht um das Entdecken einer vermeintlichen Wahrheit. (vgl. Boal 2006, 156)

3.4.2.6. Legislatives Theater

> *„Theater allein reicht nicht aus, um die Wirklichkeit zu verändern. Legislatives Theater ist die Verwendung aller Formen des TdUs mit dem Ziel, gerechtfertigte Wünsche der Menschen in geltendes Recht zu verwandeln." (Staffler 2009, 116)*

Boal kehrte 1986 nach Brasilien zurück und engagierte sich politisch. Als Abgeordneter zog er 1992-1996 für die brasilianische Arbeiterpartei ins Stadtparlament von Rio de Janeiro ein. Hier entwickelte er das Legislative Theater, welches als Ziel die Einflussnahme auf die politisch-rechtlichen Rahmenbedingungen der Gesellschaft hat. Mit Hilfe öffentlicher Forumtheater, die sich mit konkreten sozialen Problemen, z.B. in einem Stadtviertel, befassten, wurden Ideen und Lösungsvorschläge erhoben. Ein interdisziplinäres Team analysierte die Anregungen hinsichtlich kollektiver Wünsche und Vorschläge. So wurden Gesetzesentwürfe entwickelt, die in den legislativen Prozess eingebracht wurden. Teilweise wurde auch die Umsetzung bestehender Gesetzesvorhaben theatralisch hinterfragt. Auf diesem Wege wurden 50 Gesetzes- und Novellierungsvorschläge eingebracht und

13 Gesetzes- bzw. Verwaltungstexte verabschiedet, z.B. zum Zeuginnenschutz bei der Verbrechensbekämpfung. (vgl. Haug 2005, 63; Thorau 2003, 314.)

Haug (2005) berichtet, dass Anfang der 2000er Jahre in Deutschland und Österreich Konferenzen zum Legislativen Theater stattfanden. Er betont den demokratischen Beitrag, den Legislativtheater leisten kann. Betroffene können politische Entscheidungsprozesse mitgestalten. Daneben hält Haug auch auf anderen organisationalen Ebenen die Mitgestaltung von Verbindlichkeiten für vorstellbar, z.B. zur Entwicklung eines Leitbildes einer Einrichtung oder eines Verhaltenskodex. (vgl. ebd., 64)

3.4.3. Theaterarbeit mit dem TdU als Prozess (Mazzini/Wrentschur)

Es wird in Boals Schriften deutlich, dass er einen didaktischen Ansatz verfolgt, der stufenweise auf die Aneignung der komplexen theatralen Ausdrucksmittel abzielt. Er setzt beim Körper an und beschreibt Aufwärmübungen, die dem Kennenlernen und Erfahrbarmachen des eigenen Körpers und der Erweiterung seiner Ausdrucksfähigkeit dienen. Gleichzeitig werden hierbei die Sinneswahrnehmungen gestärkt sowie die Selbst- und Fremdwahrnehmung und der Gruppenzusammenhalt. (vgl. Feldhendler 1992, 31f.)

Bei Thorau (1982) findet sich eine Ordnung von Boals sog. „Übungsarsenal" und deren Hintergrund:

- Techniken modernen Schauspieltrainings (orientiert an Stanislawski, Brecht, Strasberg)
- Kinderspiele und Übungen zur Körperbeherrschung
- Übungen aus Encounter- und Sensitivitygruppen (z.B. Führen und Geführtwerden und anderen Vertrauensübungen)
- Spiele ohne Berührung
- Psychodramatisches „Spiegeln"
- Imaginationen
- Übungen für Großgruppen

(Thorau zit. in Feldhendler 1992, 33)

Nach Mazzini/Wrentschur (2004) ist es notwendig, die Techniken und Formen des TdUs in ein Gesamtkonzept der Grundannahmen und einer Methodologie einzubetten. Nur so kann das Ziel einer sozialen Transformation verfolgt und erreicht und ein Missbrauch der Techniken vermieden werden. Sie stellen dar, welche Struktur TdU-Prozessen zu Grunde liegen sollte, damit nicht der Blick für den Prozess verloren geht und die Techniken zusammenhanglos angewendet werden oder lediglich auf ein Endprodukt abgezielt wird. (vgl. ebd., 180)

Prozessuale Arbeit und die Kompetenz, diese im Blick zu haben und angemessen zu gestalten, ist auch für die Supervisionsarbeit relevant. Aus diesem Grund seien hier nun die **Prozessphasen** von Mazzini/Wrentschur (2004, 180-186) in ihrer Ergänzung von Haug (2005, 67-75) dargestellt.

a) Gruppenbildung

Ziel dieser Phase ist es, ein Gruppenklima von konstruktiver Zusammenarbeit zu schaffen. Grundlage einer solchen Atmosphäre sind Vertrauen, authentische Kommunikation, Rücksichtnahme, Offenheit, etc.. Zur Förderung dieser Aspekte ist das Selbstverständnis des Jokers, dialogisch und demokratisch zu arbeiten, von hoher Bedeutung. Die Gruppe sollte sich auf Grundregeln für die Arbeit einigen, welche sich z. B. an den Postulaten der TZI orientieren können. Übungen und Methoden werden gezielt und reflektiert eingesetzt, um das Kennenlernen und Zusammenwachsen der Gruppe zu unterstützen. Natürlich läuft der Gruppenbildungsprozess auch bei den nächsten Schritten weiter.

b) Entmechanisierung und Frei-Spielen

In dieser Phase wird der Fokus auf Körperarbeit gelegt, wodurch das Kennenlernen weiter fortgesetzt wird, aber auch eine Förderung der Ausdrucks- und Darstellungsmöglichkeiten der Teilnehmenden stattfindet. Ziel ist die De-Mechanisierung des Körpers, denn es „spiegeln sich Lebenserfahrungen und Gesellschaftsstrukturen auch auf körperlicher Ebene in Haltungen und Bewegungen wider, die feste Muster annehmen können" (Haug 2005, 67f.). Unterstützt durch den Joker können hier Übungsfolgen aus dem Repertoire von TdU-Praktikern, aber auch von Stanislawski, Strasberg oder Grotokowski gewählt werden. Sinnvoll sei eine Abwechslung von Arbeiten zu zweit, in der Kleingruppe oder in der Großgruppe. Durch die Körperarbeit spielen sich die einzelnen Personen, sowie die Gruppe insgesamt frei, sodass einer „Verkopfung" entgegengewirkt werden kann. Haug spricht von einem „frei werden" für die eigenen Wünsche, Träume und Visionen – diese können dann aus dem Körper und nicht nur aus dem Kopf „fließen" (Haug 2005, 68).

c) Entdecken der wunden Punkte

In diesem Schritt geht es um eine Zuwendung zu dem alltäglichen (Er-)Leben von Unterdrückung. Die Einleitung dieser Phase sollte sensibel gestaltet werden, da die Auseinandersetzung mit solchen Themen als Bruch zu der leichten und spielerischen Atmosphäre der vorherigen Phase erlebt werden kann. Auch sollte bei den anfänglichen Formulierungen der Begriff „Unterdrückung" nicht sofort explizit verwendet werden, da er zu Beginn leicht abgelehnt werden kann. Mögliche Fragen könnten sein: „Was möchtest du in deinem Leben verändern? Wann fühlst du dich machtlos? Welches Problem stört dich am meisten? Welchen Konflikt konntest Du nicht bzw. unzufriedenstellend lösen?" (Haug 2005, 69). Zur Erkundung der Fragen und somit der wunden Punkte können bereits erste theatrale Techniken, wie z.B. prospektive und introspektive Methoden sowie das Statuen-/ Bildertheater, verwendet werden. Wichtig ist, die subjektiven Wahrnehmungen der einzelnen Personen anzuerkennen und damit die Wahrnehmungsvielfalt.

d) Erarbeiten von ‚kollektivem Rohmaterial'

Über die individuelle Wahrnehmung von Unterdrückung hinausgehend ist der intersubjektive Austausch darüber von Bedeutung. Zentral ist nämlich, im Sinne der analogen Induktion[29], aus den subjektiven Erfahrungen kollektive Themen von Unterdrückung herauszudestillieren. Zusammenhänge zwischen der individuellen Ebene und den gesellschaftlichen sowie politischen und ökonomischen Strukturen werden reflektiert.

Es folgt ein Prozess der Entscheidungsfindung für ein Thema, welcher vom Joker gut begleitet und methodisch ermöglicht werden sollte. Die Identifi-

29 vgl. Kap. 3.2.3.

zierung aller mit dem Thema ist nämlich Basis für die Motivation zur Beteiligung am weiteren Prozess.

Hilfreich bei der Erkundung gemeinsamer Themen sind Formen von prospektiven Techniken mit sich selbst erklärenden Titeln, wie z.B. „Bild der Bilder" oder die Bündelung der individuellen Bilder in „Familien". Durch verschiedenste Techniken zur Dynamisierung (z.B. zu den Statuen ein Geräusch machen, einen Satz sprechen oder Bewegungsimpulsen folgen) werden Kernszenen entwickelt. Es geht um ein spielerisches Experimentieren, in Abwechslung mit verbaler Reflexion des Materials. Es ist zu beachten, dass anhand der Szenen konkrete Fragestellungen und keine „hoffnungslos eskalierte Aggression" (Haug 2005, 71) thematisiert werden, um die Teilnehmenden nicht gegen eine „Wand von Resignation laufen zu lassen" (Boal zit. in Haug 2005, 71).

e) Feinschliff des „kollektiven Rohmaterials"

Aus dem kollektiven Rohmaterial gilt es in der nächsten Phase eine Szene theatral ästhetisch aufzubereiten[30]. Dies ist das Fundament für das wiederholbare Spielen in den Formen des Forumtheaters oder dem Unsichtbaren Theater. Auch wird hier auf eine szenische Qualität geachtet, z.B. auf Verständlichkeit und Nachvollziehbarkeit der Problemlage, der Handlung und der Dialoge. Es ist für die Dramaturgie ggf. wichtig, Straffungen oder Verlangsamungen der Handlung vorzunehmen, Pausen oder Verfremdungseffekte, wie Übertreibungen, einzubauen.

f) Analyse und Transformation dargestellter Unterdrückung

Im nächsten Schritt finden eine Untersuchung und spielerische Veränderungen der erarbeiteten Szenen von Unterdrückung statt. Als Methode wird hierfür meist das Forumtheater genutzt, welches innerhalb der Gruppe gespielt wird. Introspektive Techniken (wie z.B. Polizist im Kopf) oder das Statuen-/Bildertheater können als Alternative oder Ergänzung herangezogen werden.

30 Bei Haug (2005) finden sich Beispiele von Boals Probetechniken, die in dieser Phase hilfreich sein könnten. Sie reichen von Rolleninterviews der darstellenden Personen (z.B. wie sie heißen, wie alt sie sind, was ihnen gefällt etc.), nonverbalem Spiel, um den körperlich und mimisch-gestischen Ausdruck zu verfeinern, bis hin zur überhöhten Verkörperung von Emotionen. (vgl. ebd., 72)

Es soll Widerstand gegen Unterdrückung oder im besten Fall die Überwindung der Unterdrückung erreicht werden. Die Methoden des TdUs sollen dazu dienen, Strategien und Alternativen zum Handeln sowie Interventionsmöglichkeiten konkret auszuprobieren. Wichtig ist es, bei der anschließenden Reflexion, die kleinsten Veränderungsansätze und -impulse zu erkennen und zu würdigen. Auch der kleinste Schritt und vielleicht auch die Kombination von Lösungsansätzen stellen eine erste Veränderung dar.

g) Extrapolation

Gemäß der Zielsetzung des TdUs soziale Transformation zu erreichen, geht es in dieser Phase darum, einen Transfer der gruppenintern gemachten Erfahrungen in den Alltag zu ermöglichen. Auf individueller Ebene geht Boal davon aus, dass das Probehandeln im ästhetischen Raum hilfreich ist, um in der Realität handlungsfähig zu werden.

> *„Indem ich in die Fiktion handelnd eingreife, probe ich Handeln und Verhalten unter den Bedingungen der Wirklichkeit. Ich lerne die Schwierigkeiten kennen, auf die ich im Angesicht von Tatsachen stoßen werde. Wenn es mir gelingt, mich im Forumtheater zu behaupten, werde ich auch eher in der Lage sein, mich zu behaupten, wenn ich in der Realität eine Entscheidung treffen muss." (Boal zit. in Haug 2005, 73)*

Mittels weiterer Boal'scher Techniken kann die Extrapolation auch über die Gruppe hinausführen. Die Möglichkeiten reichen von öffentlichen Zeitungstheateraufführungen bis zum Unsichtbaren Theater im öffentlichen Raum. Auch kann zu öffentlichen Forumtheater-Aufführungen eingeladen werden, in denen die Unterdrückungsthemen mit verschiedensten Menschen diskutiert werden und eine Sensibilisierung erfolgen kann. Im Rahmen des Legislativen Theaters können solche Diskurse auch zur Partizipation an politischen Entscheidungsprozessen verhelfen.

h) Evaluation und Abschluss der Gruppenarbeit

In dieser Phase werden die extern ausgerichteten Aktivitäten dokumentiert und evaluiert – einerseits für den Erfahrungsaustausch, andererseits aber auch als Anregung für die weitere Arbeit.

Die Zusammenarbeit in der Gruppe im Rahmen des gesamten Prozesses sollte ausgewertet werden und ggf. Möglichkeiten zur Weiterarbeit mit dem TdU in Aussicht gestellt werden. Hauptsächlich aber steht das Thema Abschied von der mittlerweile vertrauten Gruppe und vom „Schonraum Theater" (Haug 2005, 74) im Vordergrund. Aus diesem Grund sind genügend Zeit und eine bewusste, methodische Gestaltung von Seiten des Jokers für diese Phase bedeutsam.

3.5. KRITISCHE WÜRDIGUNG

Angesichts der weltweiten Verbreitung und praktischen Umsetzung des TdUs verwundert es nicht, dass hierbei auch inhaltliche und praktische Auseinandersetzungen und Diskussionen über Boals Methoden und dem dahinterliegendem Ideengut zu finden sind. Im Folgenden sollen einige Argumentationen skizziert werden. Sie helfen das TdU kritisch zu würdigen und für den Supervisionskontext angemessen zu aktualisieren.

Unumstritten ist, dass die **Leistung Boals** für seine Theaterarbeit, die unermüdliche Verbreitung seiner Methoden und Ideen sowie seine politischen Aktivitäten viel Anerkennung und Würdigung erhält. Es wird deutlich, dass Kritik und Auseinandersetzung mit den Möglichkeiten und Begrenzungen des TdUs vor allem vor dem Hintergrund des politischen Anspruchs Boals geschieht. Dies ist ein **hoher Maßstab**, der an andere theaterpädagogische Ansätze nicht gleichermaßen angelegt wird und die Kritik deshalb teilweise recht scharf ausfallen lässt (vgl. Neuroth 1994, 116f).

Der hohe Anspruch konkretisiert sich an den **Erwartungen, die an die Person des Jokers gestellt werden**. Es ist – wie im Methoden-Teil beschrieben – ein hohes Maß an Selbstreflexion gefordert, um den Gruppenprozess dialogisch und partizipativ zu gestalten. In den Verlautbarungen zum TdU lassen sich hierzu zweierlei Aspekte erkennen. Einerseits finden sich selbstkritische Reflexionen der eigenen Praxis bei der Begleitung der Prozesse (vgl. Gorius/Wilckens-von Hein 2004, 189; Bala et al. 2004, 217) sowie analytische Überlegungen zur Gefahr der Reproduktion von Klischees (Clausen 2018, 105)[31]. Andererseits wird offenbar noch zu wenig diesen Herausforderungen Rechnung getragen. So gibt es Stimmen, die mehr kollegiale Vernetzung und Erfahrungsaustausch fordern (Neuroth

31 Allein die Bezeichnung der Methode „Polizist im Kopf" könnte als stereotype Verkürzung gesehen werden. Gesellschaftliche Entfremdungsphänomene, wie Angst oder Anonymität, werden in der theatralen Arbeit wiederum durch eine klischeehafte Unterdrückungsfigur dargestellt, was doch eigentlich überwunden werden sollte. (vgl. Zumhof 2012, 105)

1994, 126). V.a. die Auseinandersetzung und Thematisierung von Schwierigkeiten bei der Anwendung wird als wünschenswert benannt (vgl. ebd., 128). Es wird hierfür gar der Rahmen regelmäßiger Supervisionen vorgeschlagen (Herzog 1997, 101).

Es braucht von Seiten der Joker ein **Bewusstsein über die eigenen Kompetenzen sowie über die Methoden und auch den ihnen innewohnenden Dynamiken**.

Neuroth (1994) beschreibt, dass – selbst wenn es um eine praktische Vermittlung der Theatertechniken geht – zwangsläufig persönliche Anliegen eingebracht würden. Jedoch werden individuelle Thematiken nur angerissen (ebd., 128f.).

> *„Beim Theaterspiel im Allgemeinen und dem Theater der Unterdrückten im Besonderen bedeutet Theaterspielen immer Auseinandersetzung mit den eigenen Rollen, Identitätsarbeit und Realitätsarbeit. Der Kursleiter muss diesen Aspekt berücksichtigen, ob er nun politisches oder therapeutisches Theater anbietet. Zu ähnlich ist das Rollenspiel im Theater dem Rollenspiel in der Realität." (ebd., 125f.)*

Die Vielschichtigkeit, die insbesondere die introspektiven Techniken mit sich bringen, macht einen **verantwortungsvollen Umgang** mit der Methode notwendig. Frey (1991) zieht aus diesem Grund für sich die Konsequenz, die Methode „Polizist im Kopf" nicht anzuwenden, da ihr therapeutische Vorerfahrung fehle (vgl. ebd., 247). Weintz (2004) kommt bezüglich der Übung „Polizist im Kopf" ebenfalls zu der Einschätzung, dass diese „eher für intensive Gruppenarbeit mit therapeutisch vorgebildeter Leitung geeignet" (ebd., 16) sei.

Vor dem Hintergrund der Zielsetzung des TdUs Veränderung zu bewirken, werden **angemessene Rahmenbedingungen** für die Initiierung eines solchen Prozesses gefordert. Die **gängige Praxis einmaliger kurzer TdU-Workshops** wird **kritisch** gesehen. Mit Schlagworten wie „Exotik, Kommerz, Leichtigkeit" (Frey 1991, 241) oder „Konsum einer Befreiungskultur" (Piepel 1991, 280) wird konstatiert, dass das Workshop-Geschäft schnell eine inhaltliche Verkürzung und isolierte Methodik begünstige. Boal-Workshops würden so zu reinen „Selbsterfahrungskursen mit gesellschaftspolitischem Beigeschmack" (Neuroth 1994, 127). Im Fokus liege – abgesehen von ein paar Initiativen – oft nur die Einführung in die Methode, weniger eine langfristige Anwendung (vgl., ebd.). Diese wäre aber wünschenswert, um tatsächlich nachhaltige Veränderungen zu bewirken (vgl. ebd., 126). Erkenntnisgewinn und Lernen geschieht, auch nach Ansicht Gipsers (1991), vor allem im Rahmen einer langfristig miteinander arbeitenden Gruppe. Bezogen auf die angenommene Veränderung bei den Zuschauerinnen ist die Autorin hingegen eher zurückhaltend. Zumindest aber würden „Gedankenanstöße und Anregungen für eine mögliche Kooperation" (Gipser 1991, 145) gegeben werden können.

Der transformative Anspruch, den Boal mit dem TdU verfolgt, und die **Frage nach dessen tatsächlicher Wirkung** werden kritisch bewertet. Das Ziel der Übersetzung der im theatralen Prozess erlebten Veränderungen in den Alltag hinein – da, „wo die Kosten für jedes Experiment unerbittlich in Rechnung gestellt werden" (Ruping 1991b, 18) – ist kaum empirisch untersucht worden und sicherlich auch zukünftig schwer belegbar. Zumhof beschreibt, dass Erfahrungswelten getrennt werden in ludisch-mediale sowie reale Dimensionen. Vermutlich würden „Erfahrungen, die im Spiel gemacht werden, [...] ein ästhetisches Vorzeichen tragen" (Zumhof 2012, 104), was die Induktion sozialrevolutionären Verhaltens fraglich erscheinen lässt (vgl. ebd.).

Einige Vertreter und Vertreterinnen des TdUs sprechen sich dafür aus, **mehr den ästhetischen Aspekt des TdUs zu betonen** und weniger die pädagogische Seite (vgl. Frey 1991, 247; Santos 2004, 175ff.). In seinen persönlichen Überlegungen zieht Ruping (1991b) das Fazit, von Boal mehr als „Mann des Theaters" profitiert zu haben und weniger von Boals vor sich her getragenem Anspruch einer umfassenden Befreiungskultur (vgl. ebd., 30).

> *„Ich schlage vor, sein Angebot ernst zu nehmen und zu nutzen als eine Form szenischer Mäeutik, als eine Hebammenkunst, die, wo immer sie in einer Gruppe verwandt wird, überraschende, lehrreiche, lustvolle und ästhetische Ergebnisse hervorbringt – ohne das Gängelband eines vorwitzigen Regisseurs und ohne Orientierung an vorgefertigtem schönen Schein. [...] Vor dem Hintergrund der fortschreitenden, umfassenden Medialisierung unserer Gesellschaft, in der die zentralen Funktionen technologisch gelöst werden, leisten die Formen und Techniken des Theaters der Unterdrückten auch dann genug, wenn sie vor ihrem Überbau kapitulieren müssen." (ebd.)*

Ein ähnliches Resümee zieht Zumhof (2012), wenn er für den erziehungswissenschaftlichen Bereich dem TdU attestiert, dank seiner ästhetischen Ausrichtung die Verkürzungen bei Freire und seinem „abstrakten Gedankengebäude" (Figueroa zit. in ebd., 33) ausgleichen und überwinden zu können. Jedoch bliebe auch Boal der Ideologiekritik verhaftet (vgl. ebd., 104f).

Er führt eine treffende **gesellschaftstheoretische Einordung von Freires und Boals Ansätzen angesichts aktueller gesellschaftlicher Entwicklungen** an. Die befreiungspädagogischen Ziele wie Emanzipation, Selbstbestimmung, Unabhängigkeit und Freiheit dienen heute eher der Zweckmäßigkeit von utilitaristischen Ideen, welche sie doch eigentlich kritisieren wollen. Mit Masschelein spricht Zumhof von der „Trivialisierung der Kritik", die nicht mehr einen Gegenentwurf zur Fremdbestimmung anbieten kann. Vielmehr erkennt er im Rahmen der aktuellen Individualisierungs- und Flexibilisierungs-Prozesse unter dem Postulat des „lebenslangen Lernens" einen neuen Zwang: den zur Selbstoptimierung. (vgl. ebd., 51)

> *„Die zentralen Kategorien der emanzipatorischen Pädagogik und der Kritischen Erziehungswissenschaft sind damit zu eindimensionalen Trugbildern zusammengeschrumpft. Denn auf welche gesellschaftliche Semantik von Subjektivität, Mündigkeit oder Bildung könne sich eine Kritische Erziehungswissenschaft normativ beziehen, um vermeintlich falsche Gesellschaftsverhältnisse zu denunzieren? Über welche Herrschaftsverhältnisse will eine emanzipatorische Pädagogik soziale Akteure aufklären, wenn ihr eigenes emanzipatorisches Interesse in einem gesellschaftlichen Verwertungszusammenhang steht?" (ebd.)*

Auch die **aktuelle TdU-Szene steht in diesem Spannungsfeld zwischen den Idealen und Zielen**, die Boal mit seinem Theater verband, und der Faktizität ökonomischer Fragen, wie sich die eigene freiberufliche Existenz absichern lässt. Die Tendenz zur Selbstvermarktung und auch zur Suche nach Zielgruppen und Projekten mit finanzieller Zugkraft ist nachvollziehbar. Dennoch ist hier das kritische Hinterfragen, inwieweit sich hierdurch Exlusionsmechanismen reproduzieren, sicherlich ein wichtiges Korrektiv (vgl. Hahn 2018, 99; Neuroth 1994, 127; Fritz 2013, 200).

Außerdem setzen sich TdU-Schaffende stets mit der **Frage nach einer Boal-gemäßen Ausrichtung ihres Tuns** auseinander. Dies ist nur zu verständlich, da das Konzept des TdUs eng mit der Person Boals verknüpft ist.

Insbesondere nach Boals Tod ist offenbar ein Ringen um die Deutungshoheit zu beobachten (vgl. Hahn 2018, 97). Dem gegenüber wird vielfach darauf hingewiesen, dass Boal sich selbst jedoch nicht dogmatisch zeigte. Er begegnete Weiterentwicklungen sehr gelassen. Manche Praktiker berichteten von seinen mutmachenden Worten für ihr Tun (Diamond 2013, 56; Matthijssen 2004, 76.). Aus meiner Sicht ist diese Haltung ein Ernstnehmen des dialogischen und emanzipatorischen Prinzips. Ein Festhalten an einem festen, starren Reglement stünde im Widerspruch zum Durchbrechen von Regeln als emanzipatorischen Akt.

Zusammenfassend lassen sich aus meiner Sicht zwei Spannungsfelder aus dem TdU-Diskurs herauslesen. Zum einen gibt es die Spannung zwischen den Idealen und dem Realitätsprinzip, letzteres ist insbesondere für freiberuflich Tätige eine Herausforderung. Sie müssen ihre Existenz absichern und somit durchaus der kapitalistischen Marktlogik folgen. Zum anderen lese ich anhand der Kontroversen, was eine Boal-gemäße Auslegung der Methoden ist, Bewahrungstendenzen und eine Abgrenzungsdynamik gegenüber neuen und anderen Entwicklungen heraus.

Solcherlei Phänomene finden sich in ähnlicher Weise im Supervisionskontext. Meines Erachtens helfen somit die Beobachtungen aus der TdU-Entwicklung, aktuelle Diskurse in der Supervision zu betrachten. Hierzu zählen z.B. die Frage nach der Einordnung des Coachings (vgl. z.B. Busse 2008, 65f.) oder nach der Verortung der Supervision zwischen den Polen der Professions- oder der Unternehmenslogik, wie Buer es bereits im Jahr 2000 (vgl. ebd., 70-103) herausarbeitete und hierin eine entscheidende Aufgabe von „künftige[r] Professionalisierungspolitik" (ebd., 97) sah. Aktuelle verbandsinterne Diskussionen nach der strategischen Ausrichtung der DGSv[32] stehen für mich im Kontext des von Buer genannten Diskurses.

32 Die DGSv stellt in ihrem „Journal Supervision" (4/2018) eine im Vorstand und der Geschäftsführung geführte Diskussion zur Frage nach der zukünftigen Ausrichtung dar. Der gewählte Untertitel illustriert die diskursiven Spannungsfelder von „Moral und Markt, Beruf und Profession, Alt und Jung" (ebd., 12).

4. SUPERVISION UND THEATRALITÄT - BESTANDSAUFNAHME

In diesem Kapitel soll eine Bestandsaufnahme gemacht werden, wo bei der Untersuchung der Gegenstandsbereiche von Supervision und vom TdU jeweils mögliche Anknüpfungspunkte füreinander zu erkennen sind.

Auf Seiten des TdUs ist bereits aufgezeigt worden, dass dieses vielfältig weiterentwickelt und adaptiert wurde und wird. Das TdU steht also an der Schnittstelle vielerlei Disziplinen und Zugänge. Der Weg auch Anleihen für die Supervision zu machen, ist somit nicht mehr weit. Die Übertragungen auf sozialarbeiterische Felder oder auf die Konflikt- und Friedensforschung bieten m.E. auch für die Supervision relevante Erkenntnisse. Auf sie gehe ich im zweiten Teil dieses Kapitels ein. Ich arbeite erste Möglichkeiten und Einordnungen, die sich für die Supervision ergeben, bei den jeweiligen Unterkapiteln heraus.

Bei der **Betrachtung von Organisationen und Arbeitskontexten – zentralen Gegenstandsbereichen von Supervision** – zeigt sich wiederum eine Verwobenheit mit künstlerischer Praxis. Deren zentralen Charakteristika, wie „Autonomie, Kreativität, Eigenverantwortung und Projektkompetenz Mobilität und Flexibilität werden in die Management- und HR-Konzepte von Unternehmen importiert" (Malunat 2018, 12). Angesichts dieses erstarkten „Interesse[s] an künstlerischer Arbeits- und Lebensweise" (ebd.) lässt sich die eingangs aufgezeigte Bandbreite und Attraktivität an sog. Unternehmenstheatern oder an Trainingsangeboten mit theatralen Mitteln (vgl. z.B. Funcke/Havermann-Feye 2004) erklären.

Anhand der metatheoretischen Untersuchung von Heindl (2012) kann zu Beginn dieses Kapitels eine Einordnung und Bestandsaufnahme rund um den konstatierten Einzug von künstlerischen Angeboten im Unternehmenskontext gegeben werden. Bei Heindl findet sich nicht nur ein umfassender historischer Abriss, sondern auch eine fundierte Analyse von theatralen Interventionen im Organisationskontext. Verschiedene metatheoretische Zugänge und hilfreiche Strukturierungen des Phänomens werden angeboten, die auch für den Themenkomplex von „Theatralität und Supervision" relevant sind.

4.1. THEATRALE INTERVENTIONEN IN ORGANISATIONEN - METATHEORETISCHE ANNÄHERUNG (NACH HEINDL)

Unter theatralen Interventionen versteht Heindl (2012) „ziel- bzw. zweckgerichtete körper- und darstellungsorientierte Formen sozialen Handelns" (ebd., 10). Theatralität, also eine hervorgehobene Handlung (vgl. 8), entwickelt sich seit jeher in sozialen Systemen zu Darstellungs- und Präsentationszwecken. In Unternehmenskontexten geht es ebenfalls um die Funktion der Repräsentation, aber auch um das Einleiten von Veränderungen. Von Intervention spricht Heindl dann, wenn es „einen Gestaltungs- und Steuerungsanspruch für die Herstellung der theatralen Situation" (ebd., 11) gibt.

> *„Seit jeher bedienen sich Menschen, in ihrem Zusammenleben und in ihrer Zusammenarbeit theatraler Mittel, auch als Interventionen in sozialen Ordnungssystemen." (ebd., 5f.)*

Dieser These folgend gibt Heindl einen bis ins Mittelalter zurückreichenden **historischen Abriss und eine fundierte Einordnung theatraler Interventions-Formen**. Für den Gegenstand dieser Arbeit ist Folgendes relevant:

Über die zunehmende Beachtung der Psyche und der humanistischen Psychologie in der Arbeitswelt am Ende des 20. Jahrhunderts gewann auch das Theater an Bedeutung. Zunächst zog das Psychodrama in die Unternehmenskontexte ein. Mit Falko von Ameln zieht Heindl einen wichtigen Vertreter dieser Richtung heran und beschreibt:

> *„Ausgehend von der personenzentrierten Arbeit in den 1950er-Jahren hat es [= das Psychodrama; A.K.] sich mittlerweile zu einer vielseitig anwendbaren Arbeitstechnik in der Organisationsentwicklung etabliert." (ebd., 131)*

Das Bild der lernenden Organisation ist in dieser Phase vordergründig. Georg Schreyögg habe das Unternehmenstheater als „bedarfsorientierte Theaterarbeit in Unternehmen" definiert und sich als erstes systematisch und sehr prägend damit auseinandergesetzt (vgl. ebd., 151). Er beschreibt, laut Heindl, Unternehmenstheater auf Basis der Annahme der lernenden Organisation als „neuen Ansatz organisatorischer Kommunikation und Veränderung" (ebd., 131).

Heindl bezeichnet das Theater des 20. Jahrhunderts auch als Theater der Veränderung. Das Freie Theater der 1980er Jahre und eine Szene Freier Theaterschaffender entwickelte sich in der damaligen Aufbruchsstimmung mit ihrem Streben nach gesellschaftlicher Veränderung. Der Autor beschreibt die Konzepte von Moreno, Boal und anderen Theaterschaffenden und lässt dabei nicht außer Acht, dass ihnen sowohl das Motiv der persönlichen Veränderung sowie des gesellschaftlichen Wandels zu Grunde lag. (vgl. 133f.)

> *„Allerdings sollte nicht unberücksichtigt bleiben, dass diese Techniken immer unter den Aspekt der Demokratisierung und Förderung der Eigenverantwortlichkeit der Zuschauenden eingesetzt worden sind. Die Aktionen waren immer von motivierenden oder explorierenden Beweggründen getragen." (ebd., 133)*

Die gleichzeitig erwachsende Attraktivität dieser Konzepte für Unternehmen ist auf Grund der motivierenden und partizipativen Anteile nicht erstaunlich. Es wuchs nämlich die Erkenntnis, dass das sog. Changemanagement nur unter Einbeziehung der betroffenen Personen und dem Hervorrufen von Experimentierfreude gelingt. (vgl. ebd., 149f.)

> *"Die Mischung von aktiver Beteiligung, dem Erlernen neuen Verhaltens, des Beobachtens von Kollegen, das Forum des gemeinsamen Reflektierens und Experimentierens unterstützt – meist auf unterhaltsame Weise – viele Veränderungsprozesse in Unternehmen." (ebd., 150)*

Heindl beschreibt, wie das Unternehmenstheater in Österreich sich aus der Freien Theaterszene entwickelte. Er beobachtet, auf Grund der stetigen Suche nach finanzieller Absicherung, die Tendenz einer Annäherung an die Wirtschaft. Durch die zunehmende Kooperation und das Entdecken des Theaters als innovative Intervention für die Unternehmen komme es zu verschwimmenden Grenzen: Berater und Schauspieler arbeiten zusammen, Trainer besuchen Theaterseminare und freie Schauspieler setzen ihre Kompetenzen in Präsentations- und Kommunikationsseminaren ein. (vgl. ebd., 177)

Doch neben der theatralen Praxis im Sinne der Unternehmen gibt es auch radikaldemokratische Entwicklungen. Dies sind subversive Theaterformen, mit deren Hilfe versucht wird durch Irritation von außen auf Systeme einzuwirken. Heindl zählt verschiedene Beispiele auf, wie z.B. Protestformen von politischen Sambagruppen, die tanzend bis zum Zentrum politischer Gipfeltreffen vorstoßen. Zusammenfassend schreibt er:

> *„Dieses Theater agiert aus dem Verborgenen und versucht zu überraschen. Die Öffentlichkeit ist Mittel zum Zweck. Medien werden in ihrer Funktion, über besondere Ereignisse zu berichten, unvermittelt angesprochen und genutzt. Es ist ein Anstoß von außen. Über Provokation, Spektakel, Musik und Theater wird versucht, in Kontakt und in Kommunikation zu kommen, um ein Umdenken einzufordern oder anzuregen." (vgl. ebd., 185)*

Als Erklärung für die **Wirkungsweise und Funktionalität von Interventionen** zieht Heindl die Luhmannsche Systemtheorie und darauf aufbauende Überlegungen von Willke und Baecker heran:

In Interventionen „offenbaren sich [...] immer zugleich ein Selbstbild, ein Wertekanon, ein Menschenbild und die zugrunde liegende Steuerungsidee" (ebd., 5). Diese Aspekte beeinflussen die Erschließung der Situationen und dann auch die Wahl der Intervention, um diese zu beeinflussen. Systemtheoretisch gesehen ist die Wirkung von Interventionen in nichttrivialen Systemen nicht bestimmbar. Die innere Struktur und die Regeln der Veränderung geschehen im System selbst. Dennoch bilden sich in sozialen Systemen – selbst angesichts ihrer grundsätzlichen Nichttrivialität – gewisse Eigenwerte und stabile Formen der Interaktion, letztlich eine Kultur, heraus. (vgl. ebd., 209f.)

Da komplexe Systeme mit ihrer gesellschaftlichen Umwelt verwoben sind, ist es zielführend Interventionen anzuwenden, die auf adäquaten Annahmen des umgebenden Kontextes basieren. Gleichzeitig ist aber auch die Komponente der Verstörung bedeutsam. Erst eine Krise oder eine Störung regen ein System zu einer Veränderung und Neuordnung an. (vgl. ebd., 214f.)

Veränderungsprozesse in Organisationen als komplexe, operativ geschlossene soziale Systeme sind multidimensional und vielschichtig und gehen mit der Neu-Konstruktion von Bildern und Perspektiven, gar Zukunfts-Inszenierungen einher (vgl. ebd., 9; 235). Das Einbeziehen theatraler Mittel ist naheliegend. Der Einsatz neuer Techniken wird zudem gefördert durch das Spannungsfeld der Erkenntnis, dass Veränderungen nur unter Einbeziehung der betroffenen Menschen möglich sind. Gleichzeitig wird aber weiterhin eine Steuerung gewünscht (vgl. ebd., 9; 10). Theatrale

Interventionen suggerieren, laut Heindl, „eine gewisse Ganzheitlichkeit und [...] Irrationalität" (ebd., 10).

Die **Nutzung theatraler Elemente ist in heutigen Unternehmenskontexten en vogue**. Sie ist im Rahmen der Inszenierung von Macht, der internen Stilisierung von Events und Happenings und bei der medialen Einflussnahme nach Außen sowie der direktiven Interessensvermittlung zu beobachten (vgl. ebd., 281). Daneben sind sie aber v.a. interessant zur Erschließung neuer Zugänge zu Problemen und zum Aufzeigen von Emergenz (vgl. 282). Heindl begründet die heutige Attraktivität von theatralen Interventionen in Organisationen folgendermaßen:

> *„Theatrale Interventionen stiften zumindest Kommunikation im Unternehmen und fördern die Performance der Mitarbeiter. Sie irritieren in einem Maß und in einer Form, die den Unternehmern förderlich erscheinen. Dass diese Methoden, wo sie doch wirklich nicht neu sind, gegenwärtig dieses Interesse wecken und so häufig eingesetzt werden, liegt möglicherweise daran, dass der rationelle ingenieurswissenschaftliche Zugang zur Unternehmenssteuerung sich vor allem für komplexe Problemstellungen nicht bewährt hat. [...] Außerdem sind Unternehmen in der Regel unterritualisierte soziale Systeme. [...] Durch den Einsatz dieser Methoden kann die Sehnsucht nach einer* ***para-sachlichen*** *Dimension im Arbeitsalltag erfüllt werden." (ebd., 283; Hervorhebung im Original)*

Die **Körperbezogenheit und der symbolische Gehalt** von theatralen Interventionen bieten „zahlreiche Einsatzmöglichkeiten für die Gestaltung von Präsentationen von Entscheidungen, Machtverhältnissen, Demutsbezeugungen und Konfliktbereinigungen" (ebd., 283f.).

Der Körper ist in zweifacher Weise raumbestimmend: einerseits durch das Verhältnis zum örtlichen Raum, andererseits aber auch durch die Beziehung zu anderen Personen im Raum. Wie Personen zueinander örtlich stehen, kann als Analogie für das Beziehungs- und Kommunikationsgefüge in sozialen Systemen gesehen werden. Auf diesem Prinzip basiert auch die **Arbeit mit Aufstellungen** (vgl. ebd., 258).

Ihnen widmet Heindl ein eigenes Unterkapitel, in dem er die Vorgehens- und Wirkungsweise von Aufstellungen kurz und knapp beschreibt (vgl. ebd., 273-280). Zu Beginn stellt er sie in einen Ordnungszusammenhang zu theatralen Interventionen, deren Ausdruck man sich offenbar nur schwer entziehen könne. Seit jeher wird damit sinnstiftend gearbeitet. Insofern stehen theatrale Verfahren und auch ihre Aufbereitung für sozialpsychologisches, therapeutisches Handeln und für die Arbeit in Organisationen in einer langen Tradition, die nicht auf eine bestimmte Gründerfigur zurückzuführen ist. Dennoch können für die Verfahren der systemischen Aufstellungen Bezüge zu den psychodramatischen Arbeiten von Jakob L. Moreno sowie zu den Familienrekonstruktionen nach Virginia Satir genannt werden. Sie wurden in den 1990er Jahren zunächst im Rahmen von Familientherapie und Selbsterfahrung eingesetzt und u.a. durch Bert Hellinger bekannt gemacht. Gunthard Weber übertrug das Verfahren auf Organisationen. Matthias von Kibéd und Insa Sparrer entwickelten zusammen mit systemtheoretischen und hypnosystemischen Elementen die systemischen Strukturaufstellungen. Repräsentanten werden im Raum aufgestellt, sodass Beziehungsstrukturen im sozialen System visualisiert werden und auf dieser Basis Verständnis und Veränderungen eingeleitet werden können. Im Unterschied zu Morenos und Satirs Arbeiten werden nicht mehr Gestik und typische Formulierungen einbezogen, sondern nur wenige Parameter wie Distanz, Winkel, Blickrichtung oder Blickkontakt (vgl. 273-275)[33].

Die Verwobenheit zur Theaterwelt wird deutlich, wenn Heindl zum Abschluss Parallelen zu Stellproben im Theater zieht:

> *„Hier wie dort werden durch Variationen Unterschiede erkundet, Beziehungen und Konflikte visualisiert. In der Stellprobe geht es um die szenische Gestaltung der Aufführung, auch im Sinne einer Dramatisierung, in der Aufstellung geht es um Orientierung und Erkenntnisgewinne in komplexen und verfahrenen Situationen und um die Ableitung von Handlungsoptionen." (ebd., 280).*

[33] Kleve (2018) erläutert, wie mit diesen Parametern die Phänomene der repräsentierenden Wahrnehmung und einer transverbalen Sprache bei der Aufstellungsarbeit zum Tragen kommen. Nicht zu verwechseln sei die repräsentierende Wahrnehmung mit dem Rollenspiel, denn sie sei auch bei verdeckten Aufstellungen wirksam (vgl. ebd., 31f.).

Im Theater steht jedoch das ganze Ensemble und die Handlung im Fokus der Aufmerksamkeit[34] (vgl. ebd.).

Ein weiterer zentraler Vorteil für die Nutzung theatraler Methoden in Organisationen ist, dass Theater **einen Rahmen bietet, in welchem Gruppen sozial-gesellschaftliche Themen reflektieren**. Der Autor zieht den Schluss, dass sich Organisationen angesichts der zunehmenden Komplexität von der zentralen direktiven Einflussnahme verabschieden. Das Selbstverständnis der lernenden Organisation führt zu einer verstärkten Orientierung an Sichtweisen und Wahrnehmungen der Mitarbeiter. Das Selbstverständnis von Organisationen ist in seinem geschichtlichen Kontext zu sehen. Heindl beschreibt zuvor ausführlich, wie sich Organisationstheorien – also die Auffassungen von menschlicher Kooperation und ihrer Steuerung – entwickelt haben. Nicht nur die theoretischen Annahmen leiten Entscheidungen und Interventionen, sondern auch **Bilder und Metaphern über Organisationen**. Das genannte Bild der „lernenden Organisation" ist in seiner Schilderung zu finden, aber auch Metaphern von der „Organisation als Maschine" bis zur „Organisation als Kultur". (vgl. ebd., 234ff.)

> *„ [...] Metaphern sind einerseits Repräsentanten eines Bedeutungsrahmens, gleichzeitig sind sie aber auch bedeutungsstiftend. Daher sollte auch die soziale Technik nicht isoliert betrachtet und untersucht werden." (ebd., 236)*

Auf Basis dieser Annahme deutet Heindl die Verwendung von Theatertechniken, z.B. nach Boal, im Unternehmen folgendermaßen (vgl. ebd., 235f.):

Die gegenwärtig häufige Nutzung in solch profitorientierten, hierarchischen Kontexten mute angesichts des befreienden und partizipativen Impetus bei Boal befremdlich an. Auf diesen **Widerspruch** weise beispielsweise Hüttler (2005) mit seinem Buchtitel „Vom Theater der Unterdrückten zum Theater der Unternehmer" hin. Für Heindl greift diese Analyse jedoch nur, wenn die

[34] Interessant ist, dass Varga von Kibéd/Sparrer (2016) ein Aufstellungsformat entwickelt haben und anbieten, welches sich wiederum dezidiert auf den künstlerischen Dramaturgieprozess bezieht. Im Rahmen von sog. Drehbuchaufstellungen können Autorinnen oder Regisseurinnen Figuren für Romane, Theater oder Filme aufstellen lassen. Hier geht es jedoch nicht um die schnelle Lösung von Problemen, sondern um das Erkunden von dramaturgischen Möglichkeiten oder der Kohärenz von Figuren o.ä. (vgl. ebd., 149-160).
Thonhauser (1999) nutzt für seine Szenen- und Rollenarbeit mit Forumtheatergruppen indes Techniken der systemischen Strukturaufstellungen von Varga von Kibéd/ Sparrer, um z.B. durch eine Tetralemma-Aufstellung von Konfliktkonstellationen eine interessantere Dramaturgie zu entwickeln (vgl. ebd., 74-79).

Annahme der ausbeuterischen *Organisation als Machtinstrument* zu Grunde gelegt würde.

> *„Unter diesem Gesichtspunkt und mit dieser Grundannahme wird der Einsatz dieser Methode als heimtückischer, weil getarnter Missbrauch verstanden." (ebd., 236)*

Wähle man jedoch die Metapher der *Organisation als Fluss und Wandel*, so hat man ein hilfreiches Bild für Veränderungsprozesse. Vor dieser Folie könne man erkennen, dass der „Einsatz der theatralen Methode [...] in einem größeren Kommunikationskontext eines Veränderungsprojektes [steht]" (ebd.). Man könne – auf diese Weise betrachtet – nicht von Missbrauch oder Irreführung sprechen. Die anwendenden und beteiligten Personen wüssten kaum über die Herkunft der Methoden Bescheid. Sie „kommt geschichtslos zur Anwendung. Das Augenmerk liegt auf der unmittelbaren Funktonalität" (ebd., 237). Der Maßstab für den Erfolg von angemessenen Methoden wird auf dieser Ebene angesetzt. Ist es gelungen persönliche Betroffenheit herzustellen, kollektives Nachdenken anzuregen und die Notwendigkeit und Richtung von Veränderungen aufzuzeigen? Sind solcherlei Prozesse gefördert worden, sind die Auftraggeber meist zufrieden. Aber auch ein aufrichtiges Arbeiten mit den betroffenen Menschen wird hierbei erfolgt sein. Es ist nämlich davon auszugehen, dass diese sensibel auf inkongruente und manipulative Einflussnahme reagieren. Dies wäre hinderlich und erschwerend für Veränderungsprozesse, was wiederum Kosten verursachen würde. (vgl. ebd.)

Aus diesem Grund kommt Heindl zu der **Schlussfolgerung, dass „sich qualitativ hochwertiges Unternehmenstheater [...] auf dem Markt durchsetzen (wird)"** (ebd.).

> *„Je mehr über die Funktionalität theatraler Techniken und den Einsatz als Intervention in Veränderungsprozessen auch den Auftraggebern bekannt ist, desto effizienter werden sie eingesetzt und desto kritischer auch beurteilt werden können." (ebd.)*

Um solch einen verantwortungsvollen Umgang mit theatralen Interventionen zu erleichtern und sie vor Misskredit durch Missbrauch und Fahrlässigkeit zu bewahren (vgl. ebd., 284), stellt Heindl dar, wie eine **fundierte konzeptionelle Praxis aussehen könnte und Wirkungsweisen eingeordnet** werden können (vgl. 239-273):

Es wird systematisch „durchdekliniert", wie und durch wen beispielsweise die Interventionen ins Spiel kommen (vgl. 241ff.). Außerdem finden die **vier Dimensionen einer Intervention** (*sachlich, zeitlich, sozial und räumlich*; nach Königwieser, Exner und Pelikan) eine ausführliche Beachtung. Die Form der Intervention ist insbesondere determiniert durch die Absicht, die auf der *sachlichen Dimension* dahinter steht. Geht es um das *Vermitteln/ Präsentieren* einer Sache, um *Begeistern oder Motivieren* oder um ein *Erkunden und Explorieren?* Ebenso bestimmend für die Form ist die *soziale Ebene*, die Beziehung zum Publikum. Die Einbeziehung der Zuschauenden kann *direktiv* sein, also ohne mögliche Einflussnahme auf die Darstellung und Interaktion. Bei der *selektiven* Form werden Andere nur mit Einschränkungen, also z.B. nur bestimmte Personen, in den Verlauf der Handlung einbezogen. Wird „aktiv der Dialog mit den Zuschauenden gesucht und gefördert" (ebd., 11), besteht eine *partizipative* Beziehung zum Publikum (vgl. ebd., 245ff.; 11-15).

Ferner werden **Gestaltungsaspekte im Umgang mit Texten** genannt (vgl. 262f.) sowie verschiedene mögliche **Kontexte** für theatrale Interventionen dargelegt (z.B. im Rahmen vom Arbeitsprozess selbst, von Veränderungs- oder Organisationsentwicklungs-Prozessen oder von Aus-und Fortbildungen) (vgl. 263ff.).

Die Interventionsformen sowie die gesamte Konzeption ausführlich zu erläutern, sprengt den Rahmen dieser Arbeit. Für interessierte Praktikerinnen sind die Erläuterungen aber sicherlich sehr anregend.

Für den Zusammenhang dieser Masterthesis sei jedoch hervorgehoben, **an welchen Stellen Boal'sche Techniken ihre Einordnung in organisationale Interventionskontexte finden bzw. aus meiner Sicht relevant sein könnten:**

- Die Methoden des Theaters der Unterdrückten werden von Heindl auf der sachlichen und sozialen Dimension als *partizipativ-explorierend* eingeordnet (vgl. ebd., 15). Erwähnung findet auch, dass das Forumtheater in einem Handbuch von Funcke/Havermann-Feyer (2004) mit vielerlei Anwendungsmöglichkeiten theatraler Methoden für *den Kontext der Aus- und Fortbildung* dargelegt wird (vgl. ebd., 270ff.). Bei den genannten Autorinnen findet sich keine reine partizipative Auslegung des Forumtheaters. Im Gegensatz zur ursprünglichen Form, die offen für alle Gruppen ist, wird bei Funcke/Havermann-Feyer die Modell-Szene eines

Forumtheaters von Schauspiel-Profis dargestellt. Der explorierende Charakter des Forumtheaters bleibt indes bei ihnen gewahrt. Sie warnen ausdrücklich vor einer Anwendung, die nicht ergebnisoffen sei. (vgl. ebd., 178)

- Heindl beleuchtet die *Gestaltung der zeitlichen Dimension* und deren Bedeutung für die Nachhaltigkeit der Wirkung von Veränderungen. Aus meiner Sicht ist dies auch für die Anwendung von Theatermethoden nach Boal bedeutsam, werden diese doch häufig eher im Format eines Workshops angeboten. Vielfach weisen auch TdU-Praktikerinnen darauf hin, dass regelmäßiges Arbeiten mit einer festen Gruppe nachhaltiger wirke, als einmalige Workshops (vgl. Kap. 3.5). Heindl streicht des Weiteren die Bedeutung eindeutiger Markierungen heraus. Z.B. helfen ein klarer Anfang und ein eindeutiges Ende der Intervention, dass das System relevante Unterscheidungen generiere. Es finden sich m.E. in der Methodologie von Boal vielfältige Anregungen, wie seine Methoden stets in einen Rahmen und eine durchdachte Abfolge gestellt werden können (vgl. Kap. 3.4.3).
- *Hilfreiche Überlegungen zur Planung und auch zur Dynamik in Großgruppen,* die bei Heindl zu finden sind, sind auch für Forumtheaterveranstaltungen relevant. Zu beachten ist beispielsweise, dass in großen Gruppen eher eine Tendenz „zu einer wenig differenzierten Betrachtung zwischen euphorischer Zustimmung und Ablehnung" (ebd., 251) besteht. Dies stelle besondere Anforderungen an die Moderatoren-Rolle (vgl. ebd.) – bzw. mit Boal gesprochen, an den Joker. Bezogen auf das Verständnis von Dynamik in mittleren und kleineren Gruppen zieht Heindl Theorien zu Gruppenphasen und typischen Rollenkonstellationen heran (vgl. ebd., 251ff.). Für das Begleiten von Gruppen im Rahmen von TdU-Prozessen ist dies ebenfalls nützliches Hintergrundwissen.
- Die Arbeit mit *Texten als Gestaltungselement* findet bei Heindl Beachtung. Neben bedarfsorientiert geschriebenen Texten für professionelle Schauspieler im Rahmen von klassischem Unternehmenstheater, kann auch mit literarischen Texten und Gebrauchstexten gearbeitet werden. Die Erarbeitung von einzelnen Szenen kann genutzt werden, um das eigene Führungsverhalten oder den Umgang mit Macht und Vertrauens- und Verantwortungsfragen zu reflektieren. Für die theatrale Bearbeitung finden sich bei Boals Zeitungstheater methodische Anwendungsmöglichkeiten. (vgl. ebd., 262) Die Arbeit ohne Text, also mit Im

provisation, trägt zur Förderung von Schlagfertigkeit und Kreativität aber auch zum Aufbau der Gruppenatmosphäre bei (vgl. ebd., 263). Auch für Improvisations-Spiele findet sich bei Boal (2018), m.E., ein großes Repertoire an Übungen.

- Hinsichtlich des *Kontextes,* in welchen theatrale Interventionen in Unternehmen eingebettet sein können, wurde bereits das Setting der *Aus- und Fortbildung* genannt. Ein weiterer bedeutsamer Bereich ist die Anwendung im Rahmen von *Veränderungs- und Organisationsentwicklungs-Prozessen.* (vgl. ebd., 265ff.)
- Heindl stellt ein *Phasenmodell solcher Organisationsentwicklungs-Prozesse* und jeweilige mögliche theatrale Interventionen dar. Die Abfolge der Phasen verläuft in sieben Schritten: 1. Überraschung/ Schock, 2. Festhalten am Bestehenden, 3. Einsicht, 4. Akzeptanz, 5. Ausprobieren, 6. Reflektieren, 7. Integration. (vgl. ebd. 265) Für die Phase der Einsicht, die dem Schock und der Verneinung einer Veränderungsnotwendigkeit folgt, wird explizit das Forumtheater als mögliche Anwendung genannt:

> *„Die theatralen Interventionen richten sich in dieser Phase an die betroffenen Personen. Der Rahmen sollte nicht zu groß sein, da die Arbeit Intimität und Vertrauen voraussetzt. Im Rahmen eines Workshops mit einer kleinen oder mittleren Gruppe kann mittels Rollenspiels an den jeweiligen Kompetenzen gearbeitet werden. Auch das Forumtheater eignet sich, das Handlungsrepertoire zu erweitern. Mit Improvisationstechniken können allfällige Blockaden bearbeitet werden. Die Interventionen finden mit* ***selektiver*** *oder* ***partizipativer*** *Einbindung des Zielsystems statt und haben sowohl eine* ***motivierende*** *als auch* ***explorierende*** *Ausrichtung." (ebd., 268; Hervorhebungen im Original).*

In der fünften Phase des Ausprobierens könnten ebenfalls Methoden aus dem TdU zum Tragen kommen. Für ein Probehandeln sind beispielsweise das Forumtheater und auch einige der introspektiven Übungen aus dem „Regenbogen der Wünsche" hilfreich (vgl. ebd., 269).

> *„Die Interventionen zielen auf neue Erfahrungen, Erfolgserlebnisse und Erkenntnisgewinn. Das Zielsystem wird* ***selektiv*** *oder* ***partizipativ*** *in die explorierende Intervention eingebunden." (ebd.; Hervorhebung im Original)*

4.2. SUPERVISIONSRELEVANTE ENTLEHNUNGEN AUS DEM TDU

4.2.1. Systemische und konstruktivistische Weiterentwicklungen

Konstruktivistisches und systemisches Denken hat mittlerweile in vielen Fachrichtungen und Berufsfeldern Einzug erhalten. So verwundert es nicht, dass auch die Aussagen Boals sowie die praktische Anwendung des TdUs vor dem Hintergrund konstruktivistischer und systemtheoretischer Erkenntnistheorie ausgedeutet wurden und werden.

4.2.1.1. „Von Revolution zu Autopoiese - Auf den Spuren Augusto Boals ins 21. Jahrhundert" (Fritz)

Die Dissertation von Fritz (2013) „Von Revolution zu Autopoiese" lässt anhand ihres Titels bereits darauf schließen, dass die Autorin Bezüge zu zentralen konstruktivistischen und systemtheoretischen Begriffen herstellt. Sie tut dies im Rahmen ihrer wissenschaftlichen Auseinandersetzung mit dem TdU und der Frage nach dem Beitrag, den das TdU für das 21. Jahrhundert leisten kann. So beschäftigt sie sich mit den Erkenntnissen der chilenischen Biologen Maturana und Varela[35] zur Autopoiese und zu einer Ästhetik der Wahrnehmung. Sie benennt zudem **für das Theater relevante lerntheoretische Überlegungen von Ginsburg**, die dieser bezogen auf die Funktionale Integration bei der Feldenkrais-Arbeit trifft:

- *Die Einsicht, dass sich Lebewesen, mit dem Ziel zu handeln und wahr zu nehmen, selbst organisieren.*
- *Die Einsicht, dass man Lernen nicht verhindern kann. Sobald unterstützende Voraussetzungen für Neuorganisation bzw. neue Situationen gegeben sind, ist das Nervensystem bereit zu lernen. Lernen hängt nicht von ‚Verstärkung' von außen ab. Es ist unabhängig von den Kenntnissen seines Ergebnisses. Es erfordert kein repetitives*

[35] Fritz (2013) äußert die Vermutung, dass es nicht unwahrscheinlich sei, dass Boal Maturanas und Varelas „Ästhetik der Wahrnehmung" bekannt war, da er ebenfalls in den 1970er Jahren in Chile arbeitete. Jedoch sei dies nicht belegbar (vgl. ebd., 333).

Üben. Es braucht lediglich ‚Echtzeit', d.h. sofortiges sensorisches Feedback.

- *Auf allen Stufen ist jede Erkenntnis an Verhalten oder Handeln gebunden.*
- *Alles, was die Wahlmöglichkeiten vergrößert, erweitert auch den Umfang des Optimismus.*
- *Ein unterstütztes System (Mensch) lernt besser und kann sich leichter auf Neuorganisation und Assimilierung (im Sinne von verbesserten Umständen) einstellen.*

(Ginsburg zit. in Fritz 2013, 335)

Diesen lerntheoretischen Annahmen folgend, sieht Fritz es als **Moment der Befreiung, wenn sich das menschliche System aus sich selbst heraus entwickelt**. In einem Rahmen von Wahl- und Handlungsmöglichkeiten, in einem Schutzraum ohne Zeit- und Bewertungsdruck, passiere eine optimistischere innere Haltung. Basiere die Theaterarbeit auf der Folie dieser Grundannahme autopoietischer Prozesse, so habe dies Implikationen für die Art und Weise der Anwendung des TdUs: Die Prozesse laufen selbstgesteuert und können schlichtweg nur bezeugt werden. Es gelte lediglich, Räume zu schaffen, „in denen Selbst-Schöpfung vor sich gehen kann" (ebd., 336). (vgl. ebd., 335f.)

In einem weiteren Schritt stellt Fritz **Grundgedanken aus der Feldenkrais-Arbeit und Boals Theater-Übungen und -Spielen** vor (vgl. ebd., 336-349). Diese betitelt sie als autopoietisches Lernen auf somatischer Ebene. Durch das unmittelbare körperliche Tun würde ein Zugewinn an Bewusstheit erreicht. Lebendigkeit und Schöpfungskraft entstünden – unabhängig von den äußeren Umständen. Fritz erkennt: „Das Glück des Menschen liegt darin, eine eigene Persönlichkeit heranzubilden, statt der übernommenen ‚Lebensart' seine eigene zu entwickeln" (ebd., 347). Damit verweist sie auf die subversive Kraft des autopoietischen Lernens. So lässt sich auch ihre Schlussfolgerung aus dem Abschnitt verstehen: „Die Spiele und Übungen von Boal und die Körperarbeit von Feldenkrais können als politisch wirksame Mittel gesehen werden, um Tendenzen zum Faschismus entgegen zu wirken" (ebd., 349).

Das Spiel, so Fritz, entspreche Ginsburgs Überlegungen zum Lernen und würde zu Leichtigkeit und einer daraus resultierenden verfeinerten Wahrnehmung führen. Unter der Überschrift „Das autopoietische Spiel" stellt die Autorin Boals theatertheoretische Überlegungen dar. Beispielsweise führt sie Boals Verständnis der Begriffe Osmose, Metaxis, analoge Induktion und ästhetischer Raum aus[36]. Anhand des Beispiels der Geschichtsaufarbeitung in Österreich, speziell der NS-Zeit und dem verzerrten Bild, „Opfer" des Anschlusses an Deutschland geworden zu sein, betont die Autorin die Wichtigkeit der Wiederaneignung der persönlichen und kollektiven Geschichte – fern vom medial und politisch inszenierten Diskurs. Unabhängig vom originär revolutionären Kontext des TdUs biete Boals Theatersystem angesichts der heutigen Herausforderungen hierfür den Raum und ermögliche aktives Engagement und Partizipation. (vgl. ebd., 349-361 u. 396f.)

> *„Die Ausrichtung des autopoietischen Theaters von Augusto Boal hat ihre Dynamik von einem Theater zur Mobilisierung der Massen hin zu einem prozessorientierten künstlerischen Vorgang zur Wiederherstellung des Menschen und der Welt verschoben. [...] In einem Akt des Denkens, Fühlens, Empfindens und Handelns lernen wir mittels dem Theater [sic!] [...], wer wir sind und wer wir sein wollen." (ebd., 360)*

4.2.1.2. „Theater zum Leben - Über die Kunst und die Wissenschaft des Dialogs im Gemeinwesen" (Diamond)

Im Folgenden gehe ich näher auf die Arbeit des Kanadiers David Diamond ein. Er entwickelte seine interaktive Gemeinwesen-orientierte Theaterarbeit, das sog. „Theatre for Living" (dt. „Theater zum Leben"), direkt aus dem TdU heraus.

In seiner **Weiterentwicklung** passt er das TdU an die Gegebenheiten in Kanada an (vgl. Hahn in Diamond 2013, 25) und bezieht sich auf **systemische Annahmen**. Mit dieser Verbindung zur systemischen Arbeitsweise ist Diamond nicht der Erste, jedoch stellt er seine Anwendung sehr praxisbezogen und durchdacht in seinem Buch „Theater zum Leben – Über die Kunst und die Wissenschaft des Dialogs im Gemeinwesen" dar. (vgl. Howe 2008, 93)

---

36 vgl. Kap. 3.2.3.

Die Kontroverse, die Diamond durch seine **Auflösung der Dichotomie** des ursprünglichen Forumtheaters nach Boal auslöste, wurde bereits thematisiert (vgl. Kap. 3.2.1.). Den Unterdrücker ebenfalls in den Fokus zu nehmen und seine Perspektive zu erforschen, ist aus der systemischen Sichtweise heraus nur konsequent. Für Diamond (2013) sind Unterdrücker Teil des gesamten Systems. Sie werden vom Gemeinwesen selbst hervorgebracht. Es gilt, die „strukturerzeugenden Verhaltensweisen [zu] verändern, und nicht nur die Strukturen selbst" (ebd., 57). Dies ist nicht gleichzusetzen mit einem Gutheißen von Unterdrückung. Vielmehr wird damit der Komplexität unserer Lebenswirklichkeiten Rechnung getragen (vgl. ebd., 60) und nach funktionaleren, dem Gemeinwesen dienenden Perspektiven gesucht (vgl. ebd., 63).

> *„Die Einladung im Theater zum Leben lautet, sich an den Auseinandersetzungen der Figuren zu beteiligen, die wir auch als unsere eigenen Auseinandersetzungen erkennen, nicht um die Unterdrückung zu unterbrechen (das loszuwerden, was wir nicht wollen), sondern um ein gesundes Gemeinwesen zu gestalten oder Sicherheit oder Respekt zu erlangen (das zu erreichen, was wir wollen)." (ebd.)*

Diamonds lehnt eine mechanistische Sicht auf Wirklichkeitszusammenhänge ab (vgl. ebd., 66). Er wählt die „Brille der Systemtheorie" (vgl. ebd., 57) und beleuchtet mit dieser seine eigene künstlerische Entwicklung und seine Arbeit mit theatralen Prozessen. Vorwiegend **bezieht er sich auf den system-ökologischen Ansatz von Fritjof Capra**. Dieser beschreibe, wiederum in Anlehnung an Luhmanns Theorie zur sozialen Autopoiese (vgl. ebd., 65), die Fähigkeit zur Selbsterneuerung als eine zentrale Eigenschaft von lebendigen Systemen. Soziale Systeme entstehen durch ein Netzwerk der Kommunikation von Individuen, welche die sozialen Strukturen und Verhaltensregeln für das übergeordnete Netzwerk erzeugen und ständig reproduzieren. Capra beschreibt, wie aus dieser komplexen und nichtlinearen Dynamik Kultur entsteht:

> *„Sie wird von einem sozialen Netzwerk mit vielfachen Rückkoppelungsschleifen erschaffen, durch die Werte, Anschauungen und Verhaltensregeln ständig kommuniziert, modifiziert und erhalten werden." (Capra 2002 zit. ebd., 69)*

Diamond (2013) konstatiert heutige gesellschaftliche Herausforderungen durch die Folgen des globalen Wirtschaftssystems, das daraus resultierende soziale Ungleichgewicht und die zunehmende Zerstörung der Umwelt. Angesichts dessen gelte es, „menschlichen Organisationsformen Leben einzuhauchen, um ihre Integrität, Kreativität und ihr Potential für Veränderung zu stärken" (ebd., 22). Hierbei kann Theater hilfreich sein, ganz im Sinne der genannten systemischen Annahmen, Perspektiven zu erweitern und dysfunktionale Muster zu durchbrechen (vgl. ebd., 66f.). Fallbeispiele, die Diamond anführt, stammen aus Arbeiten mit Gruppen, in denen beispielsweise das Thema Gewalt im Vordergrund stand.

> *„Der Fokus des Theaters liegt auf zwischenmenschlichen Beziehungen. Das Experimentieren mit der Frage, wie Beziehungsmuster mit Hilfe einer Forumtheateraufführung verändert werden können, ist ein Schritt auf dem Weg zur Veränderung der Strukturen, die durch die Muster entstehen."(ebd., 67)*

Diamonds Lesart ist also sehr konkret auf das Theater bezogen: Im Rahmen des theatralen Prozesses mit Übungen und Spielen entwickeln sich in jeder Gruppe eigene Muster von Beziehungen. Das im Prozess entstehende Theaterstück hat eine eigene Struktur, weil die von der jeweiligen Gruppe eingebrachten Lebenserfahrungen und Perspektiven unterschiedliche sind (vgl. ebd., 67). Im Theaterprozess wird mit den Individuen gearbeitet, gleichzeitig aber auch mit „dem größeren Organismus im Raum, dem Gemeinwesen" (ebd.). Hierin liegt die Gemeinwesen-fördernde Kraft. Durch den kollektiven Prozess wird ein Eingebundensein erfahrbar, können Dynamiken in Beziehungen und im Verhalten verändert werden.

> *„Theater bietet zudem durch die ihm innewohnende Kraft der Kreativität Anregungen zur Veränderung von sozialen Systemen. Kreativität ist es nämlich, die – laut Capra – Systemen verhilft bei Instabilität nicht zusammenzubrechen, sondern durch einen emergenten Sprung neue Ordnungsformen herauszubilden." (vgl. Capra im Vorwort zu Diamond 2013, 31)*

Der Theaterprozess dient dem Anregen von Kreativität. Aufgabe beim Begleiten dieses Prozesses ist es, „der Gemeinschaft zu helfen, durch die Gefühle von Unsicherheit, Angst, Verwirrung und Selbstzweifeln, die immer einer Emergenz von Neuem vorausgehen, hindurchzugehen." (ebd., 33)

Diamond zeigt die Art und Weise, den Gruppenprozess zu leiten, anhand vielerlei Übungs- und Prozessanleitungen auf. Es wird deutlich, dass die

konkrete methodische Arbeitsweise durchwirkt ist von den genannten systemischen Annahmen:

Erste Prämisse ist, dass ein Zustandekommen der Theaterarbeit auf Einladung der teilnehmenden Gruppe und Gemeinschaft passiert. Der eingeladene Joker hat dann die Rolle inne, durch den Prozess zu begleiten. Er kann lediglich Anregungen und Irritationen setzen. Die eigentliche Veränderung passiert nur innerhalb der Gemeinschaft selbst, im Rahmen der ihr eigenen Selbstorganisation. Es werden keine Lösungen vorgegeben, sondern ein Suchprozess angeleitet, damit das Gemeinwesen seinen je eigenen Weg finden kann. (vgl. ebd., 199)

Im Sinne der pädagogischen Haltung von Freire gilt es eine dialogische Beziehung auf Augenhöhe zu leben und sich an den Zielen/ Bedarfen des Gegenübers zu orientieren:

> *„Die Teilnehmer/ innen sind selbst die Experten, wenn es um ihr Leben geht." (ebd., 247)*

Mit den Übungen können die verschiedenen Wirklichkeitskonstruktionen der Teilnehmenden induziert und gewürdigt werden. Mit Hilfe von theatralen Mitteln werden sie visualisiert (vgl. z.B. ebd.; 129, Bildertheater). Mehrdimensionalität und Perspektivenvielfalt (vgl. ebd., 225ff.) sowie die Wechselwirkungen mit anderen Systemebenen (vgl. ebd., 205; Fragetechniken) werden aufgezeigt und thematisiert.

Diamond sagt selbst, dass er **kein „akademisch kohärentes Verständnis oder klares Konzept an systemischer Theorie** liefert" (ebd., 38). In Bezug auf systemtheoretische Überlegungen insgesamt fänden sich auch kritische Stimmen, die hinterfragen, ob die auf biologische Prozesse bezogenen Erkenntnisse tatsächlich auf soziale und psychische Prozesse übertragbar sind (vgl. Guttmann zit. in Klassen 2001, 27). Auch der Rückgriff auf Theorien Capras könnte kritisch beleuchtet werden. Dessen Bemühungen um einen Paradigmenwechsel vom mechanistischen Denken hin zu einem ganzheitlichen-ökologischen Zugang, den er allen Wissenschafts-Disziplinen und der ganzen Welt verschreiben möchte (vgl. Kleve 2007, 58; Kleve 1999, 7), könnten spiritistisch anmuten (vgl. Klassen 2001, 32) oder als New-Age-Ansatz (vgl. Kleve 2007, 58) abgetan werden. Für Diamonds Zielsetzung, gelingendes Zusammenleben zu unterstützen, und seine Gemeinwesen-orientierte Arbeit ist es ganz offensichtlich ein sinnvoller Bezugsrahmen. Seine Projekte – teilweise gar als Fernseh- und Internetproduktionen aufgeführt – fanden weltweite Beachtung (vgl. Fritz 2013, 25). Letztlich bestimmt die Praxis, „was an den [...] Ideen im systemischen Sinne brauchbar, viabel und nützlich" (Ebbecke-Nohlen 2015, 54) ist.

4.2.2. TdU als Empowerment-Instrument (Haug)

Thomas Haug (2005) untersucht in seinem Buch „'Das spielt (k)eine Rolle!' Theater der Befreiung nach Augusto Boal als Empowerment-Werkzeug im Kontext von Selbsthilfe", inwieweit das TdU in sozialarbeiterischen Kontexten für Empowerment-Prozesse und für die Selbsthilfe fruchtbar gemacht werden kann. Aus Haugs Analyse lassen sich Rückschlüsse für die Nutzung des TdUs in der Supervision ziehen. Ich schließe diese Übertragungen auf die Supervision an die einzelnen Aspekte an.

Meines Erachtens ist die Auseinandersetzung mit dem Empowerment-Begriff vor allem hinsichtlich einer Schärfung der eigenen lösungsorientierten Haltung in der Supervision dienlich.

Ressourcenorientierung, Lösungsorientierung und Kundenorientierung sind charakteristische systemische Grundhaltungen (vgl. von Schlippe/Schweitzer 2016), wie ich sie auch für das supervisorische Tun als zentral ansehe. Als Supervisorin bin ich Expertin für den Prozess, jedoch nicht für die inhaltliche Lösungs-Entwicklung (vgl. Sparrer 2014, 35).

Ein ähnlicher Paradigmenwechsel spiegelt sich auch in der Entwicklung des Empowerment-Begriffs im Bereich der Sozialen Arbeit wider. Es fand ein Wandel statt – hin zu ressourcenorientiertem Denken und Handeln und zu „mutmachende[n] Prozessen der Selbstbemächtigung" (Herriger zit. in Haug 2005, 31). Zentrale Kategorie ist hierbei *„das Bewusstsein, Situationen oder Ereignisse prinzipiell beeinflussen zu können"* (Stark zit. ebd.; Hervorhebung im Original). Hierbei gehen „ein Verständnis von struktureller, politischer Macht [...] mit persönlichem Wachstum, individueller und sozialer Weiterentwicklung und Emanzipation [...]" (Stark zit. ebd.) zusammen. Empowerment-Prozesse finden auf intrapersonaler, interpersonaler und struktureller Ebene statt und stehen in sich gegenseitig beeinflussender und verstärkender Wechselwirkung (vgl. ebd.).

Haug (2005) fasst folgende **Charakteristika von Empowerment** zusammen:

- *Orientierung an und Vertrauen in Stärken, Fähigkeiten und Ressourcen*
- *Selbstorganisation, Eigenverantwortung und Selbstbestimmung*
- *Mut zu offenen Prozessen*
- *Glaube an die Gestaltbarkeit von Kontexten*
- *Erfahrung von Selbstwirksamkeit und Gestaltungsfähigkeit*
- *Solidarische Aktion in Gemeinschaft*
- *Individuelle und kollektive Einmischung in Politik und Gesellschaft*
- *Emanzipatorisches Engagement für Selbst- und Sozialveränderung*

(ebd., 33)

Haug beleuchtet, wie Empowerment-Prozesse in der Selbsthilfe gewinnbringend zum Tragen kommen können und die Unterstützung durch Professionelle hierbei einzuordnen ist. Essentielles Ziel der Unterstützerinnen sollte sein, überflüssig zu werden. Es besteht jedoch das Risiko, dass dies durch das Ziel der Selbsterhaltung auf Seiten der Professionellen konterkariert wird. Aus diesem Grund kommt der kritischen Selbstreflexion nach Haug eine große Bedeutung zu. (vgl. ebd., 34f.)

> *„Die Rolle der professionellen HelferInnen wird dabei nicht grundsätzlich in Frage gestellt, wohl aber ihre versteckte Macht." (Stark zit. ebd., 36)*

Auch sei ein Bewusstsein über die eigenen Fähigkeiten Voraussetzung, um Vertrauen in die Ressourcen anderer Menschen zu haben (vgl. ebd.).

Ähnliche Merkmale sind auch im Rahmen von systemischen Supervisions-Prozessen typisch, wie die oben genannten Schlagworte von Ressourcen- und Lösungsorientierung sowie Orientierung anhand der Ziele des Gegenübers es zeigen.

Die von Haug geforderte kritische Selbstreflexion sehe ich als sehr relevant für die Rolle der Supervisorin an. Sie hilft, das asymmetrische Machtverhältnis im Supervisions-Setting in den Blick zu nehmen und mich auf Augenhöhe mit meinem Gegenüber zu bewegen.

> *„Aus der Hybris des Beraters, der sich 'darüberstellt', wird die systemische Expertise eines professionellen, helfenden Begleiters." (Barthelmess 2016, 14)*

Die Frage nach dem eigenen Selbsterhalt darf – auch auf Supervision bezogen – kritisch gestellt werden. Da wo ich selbst von einem Auftrag existenziell abhängig bin, werde ich (unbewusst) vielleicht weniger an die innewohnenden Lösungskompetenzen im System appellieren. Auch kann mich der Wunsch nach Anerkennung und Bestätigung in die Versuchung bringen, schmeichelhafte Botschaften an mich als „Fachfrau" zu verstärken, statt Mut zuzusprechen, sich vom Ratgeber-System „freizuschwimmen"[37].

Haug (2005) kommt in seiner Analyse zum Schluss, dass das **TdU ein geeignetes Mittel zur Umsetzung von Empowerment-Prozessen** ist. Er führt hierfür besonders folgende drei Charakteristika an. Das TdU ist

- *dialogisch, d.h. es ermöglicht den gleichgestellten und wechselseitigen Austausch zwischen Menschen sowie das Voneinander- und Miteinander-Lernen;*
- *emanzipatorisch, d.h. es ermöglicht die Selbstbemächtigung von Menschen mit dem Ziel ihrer Selbstbefreiung von innerer und äußerer Unterdrückung;*
- *ganzheitlich, d.h. es ermöglicht nachhaltige Erfahrungen auf kognitive, emotionale und körperlich-sinnliche Weise sowie auf intrapersonaler, interpersonaler und gesellschaftlicher Ebene.*

(ebd., 77)

Er zieht das Fazit, dass zentrale Dimensionen von Empowerment durch das TdU verwirklicht und erfahrbar gemacht werden. Hierzu rechnet er die Bewusstwerdung der eigenen Einflussfähigkeit und den Glauben an die Veränderungsfähigkeit von Menschen sowie an die Veränderbarkeit von Situationen und Strukturen. (vgl. ebd., 77)

---

37 Zur kritischen Beleuchtung der Frage, inwieweit die Supervision ihr Vertrauen auf die Selbstorganisation von Organisationen und Supervisandinnen ernst nimmt und sich dementsprechend tatsächlich überflüssig macht, sei auf den Artikel „Supervision und Coaching als Krisensymptome: Wie machen wir uns endlich überflüssig?" von Erlinghagen (2016) verwiesen.

Der Autor benennt **verschiedene Aspekte des TdUs, die der Förderung von Empowerment dienen**: Frei-Spiel, Eigen-Art, Probe-Raum, Quer-Denken, Lach-Macht, Grenz-Überschreitung, Konflikt-Kultur und Öffentlichkeits-Arbeit. Die genannten hilfreichen Impulse halte ich auch auf die Supervisionspraxis übertragbar.

Frei-Spiel

Durch die Techniken des TdUs werden Menschen aktiviert. Sie können sich freispielen von ihrer Passivität, was durch die Idee des „Zu-Schauspielens" geschieht, aber auch ganz konkret in der Bearbeitung von inneren Blockaden durch die Technik des „Polizisten im Kopf". Die Erfahrung von eigener Handlungs- und Gestaltungsfähigkeit und die (Wieder-)Entdeckung von eigenen Ressourcen werden gefördert. Die eigenen sozialen Rollen werden reflektiert und eine Rollenflexibilisierung kann angeregt werden. Das Spiel schafft Distanz und Beweglichkeit im Kontrast zu den schweren, oftmals lähmenden Ohnmachts- und Unterdrückungssituationen. (vgl. Haug 2005, 89f.)

Die hier beschriebenen Aspekte, die durch das TdU induziert werden, ähneln der Vorgehensweise, die auch im Rahmen von lösungsorientierter Supervision zum Tragen kommt. Im Rahmen lösungsfokussierter Gesprächsführung wird versucht, einen sog. „solution talk" (de Shazer zit. in Schmidt 2011, 32) anzuregen. Beispielsweise wird durch Fragen nach Lösungszuständen in der Vergangenheit versucht, nach Ausnahmen von dem als problematisch konstruierten Zustand zu suchen. Auf diesem Weg wird das Gegenüber aus der sog. „Problemtrance" (Schmidt 2016, 44) geführt.

Eigen-Art

Haug (2005) versteht das Wort Eigen-Art im doppelten Wortsinn: im Hinblick auf die Individualität des einzelnen Menschen sowie auf die Förderung des eigenen künstlerischen Ausdrucks. Durch das TdU werden die Teilnehmenden „als ‚ExpertInnen in eigener Sache' selbst aktiv und entwickeln ‚eigenartige' Ideen zur Veränderung, die *ihnen* angemessen sind". Die Selbstwahrnehmung und Selbstreflexion werden als Basis für eine Selbststärkung gefördert. (vgl. ebd., 80f.)

Auch diese Aspekte entsprechen der systemischen Supervisionshaltung. Wie bereits beim vorherigen Aspekt beschrieben, ist die Supervisorin lediglich Expertin für die Prozessführung und übt sich bezüglich der inhaltlichen Lösung in Zurückhaltung. Entsprechend der genannten Ziele von Supervision (vgl. Kap. 2.1.1) ist gerade die Förderung von selbstreflexiven Prozessen ein wichtiger Bestandteil von Supervision. Aus meiner Sicht stellt bereits das Einlassen auf das Setting von Supervision die Eintrittskarte in die Selbststärkung dar. Zeit und ein zugewandtes, zum Gespräch anregendes Gegenüber zu haben, um aus Abstand auf berufliche Zusammenhänge zu schauen, stellen oft schon die Basis für eine Rückbesinnung auf die „Eigen-Art" dar. Diese kann m.E. besonders mit kreativen Zugängen, wie sie durch die Techniken des TdUs möglich sind, gefördert werden.

Probe-Raum

> *„Durch die neuen Erfahrungen mit sich selbst und den anderen, wird ein verändertes Handeln und Sein im Alltag denkbar und damit potentiell machbar. Im ‚Probe-Raum' wird das noch nicht Existente vorweggenommen. Wünsche, Träume, Visionen und Utopien bekommen eine Gestalt und können zukünftige Entwicklungen orientieren und antreiben." (Haug 2005, 83)*

Haug (2005) führt an, dass das TdU einen Proberaum schafft, in dem Entschleunigung vom Alltag geschehen kann. Die Wahrnehmung wird geschärft und Zeit für Reflexion gegeben. Besonders das Bildertheater schafft durch seine statischen Szenen die Möglichkeit, Situationen in ihrer Komplexität über verschiedene Sinneskanäle wahrzunehmen. Außerdem können im geschützten Rahmen des TdUs alternative Handlungsweisen, Interventionen und Lösungen erprobt werden, ohne dass diese als richtig oder falsch bewertet werden. Das Erleben der eigenen Verantwortungsübernahme und Gestaltungsfähigkeit schafft die Voraussetzung für das Ziel des TdUs, Veränderung im Alltag zu bewirken. (vgl. ebd., 81f.)

In der Hinwendung zu analogen und körperorientierten Techniken in der Entwicklung der Supervisions-Methoden zeigt sich, dass auch für die Supervision das Ansprechen verschiedenster Zugänge als sinnvoll erachtet wird (vgl. Kap. 2.4). In der Supervision wird ebenfalls versucht, sich den gewünschten Lösungszustand auf einer Handlungsebene oder durch ästhetisch-sinnliche Verknüpfungen (z.B. mit Liedern oder Gerüchen als Anker) spielerisch anzunähern. Dieses Vorgehen lässt sich somit gut mit dem TdU-Ansatz, einen Proberaum zu schaffen, vereinbaren.

Quer-Denken

> *„Genau dieses ‚Quer-Denken' wird im TdB[38] kultiviert. Folglich werden Wirklichkeiten immer auch als das wahrgenommen, was sie sein könnten. Im Theater gilt die Wahrheit, dass alles immer auch ganz anders sein oder werden könnte. Dieser neue Blickwinkel stellt die Frage nach dem ‚Was wäre wenn...?', eröffnet ein breites Spektrum an Möglichkeiten und Optionen, eine Pluralität von Sicht- und Handlungsweisen." (vgl. Haug 2005, 83)*

Durch das Aufzeigen von Veränderbarkeit und der Vielfalt von Alternativen durchbricht das TdU die alltäglichen, von Routine geprägten Wahrnehmungs-, Denk- und Handlungsweisen. Es geht nicht um die Suche nach „der einen richtigen" Lösung. Stattdessen wird durch das TdU ein Quer-Denken hin zu neuen Perspektiven und Möglichkeiten gefördert (vgl. ebd., 83f.).

In dem Aspekt des Quer-Denkens lassen sich viele Verbindungen zum systemischen Denken ziehen. In der systemischen Supervision wird ebenfalls nicht davon ausgegangen, dass es *die* eine Wahrheit oder Lösung gibt. Vielmehr sind „richtig und falsch" keine Bewertungskategorien. Auch außerhalb des Theaters gilt das Kontingenz-Prinzip: „Es könnte immer auch anders sein". Die Supervisorin versucht durch ihre neugierige Art und ihrer „Respektlosigkeit den Ideen" gegenüber, das Denken der Supervisandin zu „verflüssigen", sodass neue Sichtweisen und Perspektiven eröffnet werden (vgl. auch Ebbecke-Nohlen 2015, 31ff.).

Lach-Macht

> *„Lachen vereint die Lachenden und stellt Macht in Frage." (Gipser 2004, 20)*

---

[38] Haug verwendet für „Theater der Unterdrückten" als synonyme Bezeichnung „Theater der Befreiung" bzw. die Kurzform „TdB". In dieser Betonung des „Wohin" des TdUs (vgl. Staffler 2009, 17) spiegelt sich m.E. auf passende Weise die Idee von Empowerment und die von Haug untersuchte Verknüpfungsmöglichkeit von Empowerment und TdU wider.

Haug (2005) beschreibt die subversive, befreiende und lösende Funktion von Lachen. Freies und gemeinsames Lachen steht im Gegensatz zu sozial kanalisiertem Lachen. Autoritäten können hinterfragt werden. Das Lachen über sich selbst hilft, Überforderung aber auch ohnmächtige Resignation oder Verbitterung zu vermeiden. Es schafft eine befreiende Distanzierung zu Situationen, die einem scheinbar „das Lachen vergehen" lassen. Angelehnt an Wiegand[39] und dessen Untersuchung des gezielten Nutzens von Humor im Forumtheater zeigt Haug auf, dass durch das TdU Lachen und Phantasie angeregt werden können. Dies bewirke ungewöhnliche, kreative und spontane Interventionen. (vgl. ebd., 85f.)

Ähnlich der Beschreibung Haugs zur Funktion des Lachens finden sich bei Schinzilarz/Friedli (2013) Ausführungen über die Wirkung von Humor im beruflichen Alltag und im Beratungskontext. Er kann förderlich sein für den Spannungsabbau, die Stressreduktion, die Verbesserung der Konzentration und des Arbeitsklimas.

> *„Mit Lachen können sowohl persönliche, körperliche oder seelische Anspannungen als auch zwischenmenschliche, atmosphärische Spannungen in einem Team reduziert werden. Genauso ist es möglich, persönlichen Stress abzubauen. Auch die Konzentration kann mit einem gezielten Lachen optimiert werden. Ein heiteres Arbeitsklima wird mit einem regelmäßigen, gut eingerichtetem Lachen erreicht." (ebd., 187)*

Humorvolle Interventionen helfen, Denkgewohnheiten, Gefühlsmuster und automatisierte Körperreaktionen zu durchbrechen, was wiederum die Bereitschaft für Neues und Veränderung erhöht (vgl. ebd., 194). Die Autorinnen bringen die von ihnen vorgestellten Methoden in einen systemtheoretischen Begründungszusammenhang (ebd., 257-268). Demnach wird das soziale System durch die humorvolle Intervention in seinen gewohnten Abläufen und Rückkoppelungsprozessen irritiert. Ob und wie jedoch Impulse aufgenommen werden, entzieht sich auf Grund von autopoietischen Prozessen der Kontrolle von außen. Im Sinne des Konstruktivismus helfen die humorvollen Methoden ein „mehrperspektivisches Bild der Wirklichkeit" (ebd. 261) aufzuzeigen.

---

39 Wiegand (2004b) gibt nicht nur verschiedene Beispiele von Boal'schen Techniken, die die „Kontraktionen des Zwerchfells" (ebd., 23) bei den Teilnehmenden fördern, sondern bietet auch einen interessanten Überblick zur Bedeutung und Funktion von Lachen in der Theaterarbeit, angefangen von der Theaterkunst des ausgehenden Mittelalters.

Die subversive Kraft des Humors hilft, Wirklichkeitsannahmen zu dekonstruieren und außerhalb der gewohnten Denkmuster neue Blickwinkel einzunehmen. Die Theologin Matthiae (2013) beschreibt es folgendermaßen:

> *„Radikale Umdeutungen [...], Verkehrungen der Verhältnisse, schräge Perspektiven auf beherrschende Zustände – das sind zentrale Merkmale der Clownerie und des Humors.*
>
> *Sie sind immer auch riskant, weil sie sich mit der Macht anlegen und sich ihr nicht beugen. Sie schaffen es auf ihre kreative und sogar witzige Weise die Konstruktionen der Macht aufzuzeigen. [...] Durchschauen und entlarven, auseinanderbauen und neu zusammensetzen – in der Sprache der Philosophie nennt man das auch Dekonstruktion. Ihr wichtigster Beitrag ist meines Erachtens die Infragestellung von Normalität." (ebd., 160)*

Grenz-Überschreitung

Haug (2005) führt aus, dass durch das TdU übliche Trennungen und Klassifikationen, z.B. zwischen Disziplinen wie Kunst, Politik, Pädagogik oder zwischen Praxis und Theorie, Privatem und Politischem oder Laien und Profis, durchbrochen werden. Die Grundannahmen des TdUs fußen auf dieser Grenz-Überschreitung: die verschiedenen Ebenen vom Individuum und der Gesellschaft durchdringen sich gegenseitig (Osmose), Menschen haben die Möglichkeit in miteinander verzahnten Fiktionen und Wirklichkeiten agieren zu können (Metaxis) und werden hierdurch zum Transfer des Probehandelns in den Alltag ermutigt (Extrapolation). Theaterformen, wie das Unsichtbare Theater, Zeitungstheater und auch das Legislative Theater wirken durch Meinungsbildung und Beteiligung an politischen Entscheidungsprozessen auf den Makrokosmos ein. (vgl. ebd., 86ff)

Wenn Haug schließlich von der Grenz-Überschreitung durch das TdU als „wichtigem Gegenpol zum ausgrenzenden Trend der Individualisierung und Psychologisierung originär gesellschaftlich-politischer Problemlagen" (ebd., 87) spricht, so wird auch hier deutlich, wie das TdU einen Beitrag für die Supervision leisten kann. Es bietet mit seinem kritischen Blick auf gesellschaftliche Strukturen ein hilfreiches Korrektiv, um in Supervisionsprozessen nicht auf der individuellen Ebene zu verbleiben. Der kritische Blick auf

Strukturen, Macht und Hierarchie ist Boal ein grundsätzliches Anliegen. In der Sprache der Themenzentrierten Interaktion von Ruth Cohn würde dies bedeuten, in den Supervisionsprozessen den sog. „Globe" (vgl. z.B. Langmaack 1991, 70) nicht auszublenden.

Konflikt-Kultur

Haug (2005) beschreibt, dass das TdU Konflikte auf kreative und konstruktive Weise behandle. Er zieht Boal und dessen Konfliktverständnis heran, der in dem Wort „Krise" – inspiriert durch die chinesische Sprache – die Bedeutung „Gefahr" wie auch „Gelegenheit" sieht[40]. Konflikte haben für Haug die Funktion eines Indikators, der auf Probleme hinweist, sowie die eines Katalysators, welcher Entscheidungen und Veränderungen auslöse. Empowermentprozesse gehen automatisch mit Konflikten einher, da sie Machtverhältnisse herausfordern und verschieben. Das TdU kann hierbei einen Raum bieten, um sich Konfliktsituationen zu stellen und Selbstbehauptung durch die Aktivierung von verschiedensten Ressourcen (körpersprachliche, verbale, emotionale, kognitive, soziale etc.) zu erfahren. Zur Unterstreichung zieht Haug Wiegand heran. Dieser ist überzeugt, dass der theatrale Umgang mit Krisen „einen positiven Einfluss auf die Konfliktfähigkeit der meisten Teilnehmer/innen ausübt und sie spielmächtiger und entscheidungsfreudiger werden lässt" (Wiegand zit. ebd., 89). (vgl. ebd., 88f.)

Auch die Gestaltung einer konstruktiven Konflikt-Kultur kommt im Rahmen von Supervision zum Tragen. Hierauf wird im nachfolgenden Unterkapitel gesondert Bezug genommen.

Öffentlichkeits-Arbeit

Für Haug (2005) ist eine der Stärken des TdUs, die alltäglichen Auswirkungen von meist nur schwer fassbarer struktureller Gewalt oder subtilen Unterdrückungsmustern konkret sichtbar zu machen. Im Gruppenprozess wird intern an den expressiven Fähigkeiten für die eigene Positionierung gearbeitet. So können die eigenen Themen der breiten Öffentlichkeit zugänglich gemacht werden und auf die politische Agenda gesetzt werden.

---

40 vgl. hierzu die Erläuterungen in Kap. 4.2.3.

Die „Theatralisierung und Ästhetisierung von Politik" (Baumann/Hahn 2004 zit. ebd., 91) durch das TdU ist in der heutigen Mediengesellschaft sehr hilfreich, um Interesse für die jeweiligen Probleme zu wecken. (vgl. ebd., 90f.)

In Bezug auf den Supervisionskontext ist festzuhalten, dass auch hier stets versucht wird, nicht auf einer abstrakten Ebene zu verbleiben, sondern sehr konkret und auf das individuelle Anliegen hin zu beraten. So lassen sich Handlungs- und Lösungsansätze leichter in den Organisations- und Berufsalltag transferieren. Der von Haug hervorgehobene Aspekt der Öffentlichkeitsarbeit kommt jedoch weniger zum Tragen.

4.2.3. TdU zur Bearbeitung und Transformation von Konflikten (Ebbers)

> *„Angefangen habe ich in den 70er Jahren mit der Supervision von Teams, die sich ausnahmslos an uns wandten, weil sie Konflikte untereinander oder mit ihrer Leitung hatten und alleine keinen Weg zur Klärung fanden." (Pühl 2010, 7)*

Diese von langjähriger Supervisionserfahrung gespeiste Aussage zeigt, dass **Konflikte ein virulentes Thema in der Supervision** sind. Konflikte sind alltäglich und gehören dazu – immer da wo Veränderung und Bewegung passiert (vgl. Pühl 2010, 12) – also auch in Supervision. Sie entstehen, wenn auf Grund von gestörter Kommunikation das Aushandeln von divergierenden Wünschen, Bedürfnissen und Interessen nicht gelingt (vgl. Pühl 2010, 16).

Im Theater – und damit im TdU – sind Konflikte ebenfalls ein zentraler Gegenstand. „ [...] die leidenschaftliche Auseinandersetzung auf der Bühne ist existenziell für das Theater" (Ebbers 2014, 73). Im TdU wird Unterdrückung meist synonym zu Konflikt verstanden. Es beschäftigt sich mit asymmetrischen Konflikten durch das ungleiche Verhältnis von Unterdrückten und Unterdrückern. Unterschiedliche Machtverhältnisse in kultureller, ökonomischer, politischer oder sozialer Hinsicht werden in den Blick genommen. (vgl. ebd., 74f.)

Im Folgenden soll anhand der qualitativen Studie „Darstellende Kunst und zivile Konfliktbearbeitung" von Ebbers (2014) herausgefiltert werden, wo aus dem TdU mögliche hilfreiche Erkenntnisse bezüglich der Bearbeitung von Konflikten im Rahmen von Supervision gezogen werden können.

Die Autorin kommt in ihrer Studie zu folgender Analyse des **Konflikt- und Konflikttransformationsverständnisses im TdU**:

Im TdU werden Konflikte als notwendig betrachtet, um sozialen Wandel zu fördern. Ganz im Sinne der marxistischen Denkweise können soziale Konflikte als „zentrale vorwärtstreibende Elemente in der Geschichte" (Dahrendorf zit. ebd., 77) gesehen werden. Das verändernde Potential von Konflikten wird für Ebbers auch im zentralen Begriff des Forumtheaters „chinesische Krise" mit seiner doppelten Bedeutung („Gefahr" sowie „Gelegenheit") deutlich. Die Autorin zieht hier einen Vergleich zu dem konflikttheoretischen Verständnis nach Bonacker, welcher in Konflikten ebenfalls ein dialektisches Verhältnis erkennt: einerseits sind sie „Motor sozialen Wandels" und andererseits „Zerstörer sozialer Ordnung" (vgl. ebd., 77).

Gemäß Bonacker/Imbusch kann zwischen intrapersonalen, interpersonalen, innergesellschaftlichen und internationalen Konflikten differenziert werden (vgl. ebd., 78). Alle Ebenen könnten, laut Ebbers, mit Methoden des TdUs bearbeitet werden. So setzen die introspektiven Methoden auf der intrapersonalen Ebene an. Sie bewirken aber auch Veränderungen hinsichtlich weiterer Ebenen, da das Subjekt – von internalisierten Konflikten befreit – sich wieder als handelndes Subjekt in die Gesellschaft einbringen kann. (vgl. ebd., 78f.)

Auf interpersonaler Konfliktebene ist es von großer Wichtigkeit die dahinterliegenden strukturellen Verhältnisse, z.B. von Machtbefugnissen und Abhängigkeitsverhältnissen, mitzudenken. Beispiele für innergesellschaftliche Konflikte können, laut Bonacker/Imbusch, Minoritätenkonflikte, Kommunikationskonflikte, ökologische Konflikte und auf internationaler Ebene Konflikte zwischen weltanschaulichen Systemen und Verteilungskonflikte sein. Die genannten Konflikte schlagen sich auch auf der intra- und interpersonellen Konfliktebene nieder. (vgl. ebd., 79)

Dies entspricht der bereits geschilderten Grundannahme des TdUs, wonach sich „alle moralischen und politischen Werte der Gesellschaft, all ihre Strukturen von Herrschaft, Macht und Unterdrückung" (Boal 2006 zit. in ebd.) im individuellen Erleben und den persönlichen Ereignissen widerspiegeln. Auf dieser Ebene werden sie mittels des TdUs bearbeitbar. (vgl. ebd.)

Zahlreiche der **von Boal entwickelten Übungen und Spiele können folglich nützlich für die Konfliktanalyse und -bearbeitung sein**. Durch die ästhetische Aufbereitung der Konfliktsituation können *Konfliktursachen sichtbar und aufgedeckt* werden, die auf einer non-verbalen Ebene liegen. Die *Kontextualisierung des Konfliktes,* welche ein zentraler dramaturgischer Bestandteil der Erarbeitung eines Forumtheaters ist, kann ebenfalls als hilfreich für die Konfliktanalyse herangezogen werden. Im Rahmen des Gruppenprozesses und auch in der Diskussion mit dem Publikum werden stets die *zugrunde liegenden strukturellen Bezüge einer Szene und die Muster von Unterdrückung in den Blick* genommen. (vgl. ebd., 81ff.)

Mittels der Techniken des „Regenbogens der Wünsche" können ***innere Widersprüche und Prozesse der Internalisierung von Unterdrückung*** analysiert werden, beispielsweise um den Moment auszumachen, wann oder bei wem die Unterdrückung akzeptiert wird (vgl. ebd., 83). Auch kann mit dem Theater ein Perspektivenwechsel erfahrbar gemacht werden und damit ein gegenseitiges Verständnis und der Dialog zwischen Konfliktparteien angeregt werden (vgl. Felix zit. in ebd., 84). Das dialogische Prinzip Boals ist „gleichzeitig Ziel und Voraussetzung für die Konflikttransformation" (ebd., 92). Ebbers sieht zudem die Rolle des „Jokers" als zentral für die Begleitung eines Transformationsprozesses an. Sie bezeichnet diesen deshalb mit dem auf den Friedensforscher Lederach zurückgehenden Begriff „Konflikt-Faciliator". (vgl. ebd., 90-92)

Ebbers benennt in ihrer Analyse gleichermaßen Punkte, die eine Übertragung des TdUs in den Kontext der zivilen Konfliktbearbeitung erschweren. Hauptsächlich bestehen aus ihrer Sicht die **Schwierigkeiten im Prinzip der Allparteilichkeit**, welches „im gesamten Feld der zivilen Konfliktbearbeitung und Mediation zumindest ein Anspruch der Akteure" (Werner 2014, 7) ist. Die aus seinem Entstehungskontext und seinen Grundannahmen heraus verständliche „Parteilichkeit" für die Unterdrückten müsste „modifiziert und überwunden" (Ebbers 2014, 121) werden. Abgesehen von diesem Punkt jedoch, habe das TdU jedoch durch seine dialogische und beziehungsfördernde Ausrichtung konflikttransformatives und friedensbildendes Potential (ebd., 123).

Für die Anwendung in der Supervision können Methoden des TdUs zur Konfliktbearbeitung ebenfalls herangezogen werden. So wie Ebbers es beschreibt, bietet das TdU methodische Möglichkeiten zur ästhetischen

Aufbereitung, um das Explorieren von Sichtweisen und Perspektivübernahmen zu fördern. Dies wäre vorstellbar im Rahmen von Team- oder Gruppensupervisionen, wo Anliegen einzelner Personen beispielsweise szenisch von der Gruppe dargestellt werden. Hierdurch wird eine distanziertere Betrachtung des eigenen Konfliktes ermöglicht. Bei zwei Konfliktparteien könnten die Ressourcen der Gruppe genutzt werden, um verschiedene Hypothesen zu den möglichen Anteilen und Motiven der Beteiligten im Rahmen der Spielform des „Regenbogens der Wünsche" darzustellen.

Aus meiner Sicht bietet das Erarbeiten von Theaterszenen mit Gruppen von Mitarbeiterinnen im Betrieb das Potential, Diskurse anzuregen und sich gegenseitig für bestimmte Themen zu sensibilisieren. Fragestellungen könnten z.B. sein: „Wie wollen wir die Vereinbarung von Arbeit und Familie gestalten?" Oder „Wie wollen wir in unserem Betrieb mit sexistischem Verhalten umgehen?" Es könnte eine Diskussion darüber angestoßen, verschiedene Perspektiven erkundet und Handlungsoptionen aufgezeigt werden.

Eine solche Arbeitsweise würde jedoch weniger dem klassischen Format von Supervision entsprechen, da hierbei größere Gruppen, auch als Zu-Schauspielerinnen, eingebunden werden. Vielmehr wäre dies möglich im Rahmen eines Auftrags unter rein künstlerischen Vorzeichen, also auch mit den entsprechenden Freiheiten, die inhaltliche Gestaltung partizipativ anzulegen. Oder aber es könnte ein breiterer Beratungsprozess initiiert werden, welcher zur Organisationsentwicklung im Rahmen eines Dreiecksvertrags geschlossen wird.

Bezogen auf die letztgenannten Formate halte ich es für notwendig, dass der Prozess von einer oder gar mehreren erfahrenen Personen geleitet wird. Sie sollten auf künstlerischer Ebene viel Handwerkszeug mitbringen, um die Themen überzeugend szenisch zu erarbeiten. Ich teile die Ansicht, dass die Rolle des Jokers – so wie Boal sie versteht – bereits viele der hierfür notwendigen Kompetenzen und Haltungen beinhaltet, um eine Konfliktbearbeitung zu begleiten. In der Phase der Suche nach Handlungsoptionen mit den Zu-Schauspielerinnen während des Forumtheaters oder auch für die weitere Beratung braucht es m.E. zudem beraterisches Knowhow. Neben der Fähigkeit größer angelegte Veranstaltungen und Prozesse im Rahmen von Organisationen zu gestalten und zu moderieren, benötigt der Joker weiteres Wissen zu Konflikten allgemein und zu solchen in Organisationen. So gilt es z.B. zu erkennen, wann Konflikte nicht mehr über Supervision und TdU bearbeitbar wären. Zur Analyse von Konflikten könnten die Eskalationsstufen nach Glasl herangezogen werden oder die Differenzierung in heiße und kalte Konflikte (vgl. z.B. Glasl/Weeks 2008, 28f.; 75). Die unterschiedlichen Formen erfordern entsprechende Interventionen.

Allparteilichkeit ist eine wichtige Haltung von Supervisorinnen, wenn diese die Implikation von systemisch-konstruktivistischem Denken ernst nehmen (vgl. Ebbecke-Nohlen 2015, 31). Für die Arbeit mit Konfliktparteien ist Überparteilichkeit von Seiten der Beraterin insbesondere gefragt. Hier bemerkt Ebbers treffend die Schwierigkeit des im TdU zugrunde gelegten polarisierenden Bildes. Eine Überwindung stellt für mich die systemische Sichtweise Diamonds dar. Allparteilich heißt dann für mich, neugierig und offen auf die verschiedenen Seiten zu schauen, ihre Ansichten, Motive und Perspektiven zu erkunden. Es gilt die Beteiligten wieder ins Gespräch miteinander zu bringen und durch neue Aspekte die bisherigen Muster zu durchbrechen.

So wie im Rahmen der systemischen Haltung allgemein Respektlosigkeit gegenüber Ideen geäußert wird, so sehe ich bezogen auf konflikthafte Situationen die Chance, einen neugierigen und unvoreingenommenen Blick auf die als konflikthaft erlebten Beziehungsmuster zu werfen. Konflikte würden systemisch gesehen erst einmal als sinnvoll für das System betrachtet werden. Die verschiedenen Bedeutungszuweisungen und Konstruktionen gilt es zu erschließen. Das Konfliktgeschehen ist kein linearer Prozess, weswegen ich die marxistische Weltsicht, die Boal an das Phänomen von Unterdrückung anlegt, zu eindimensional empfinde. Sein ressourcenorientiertes Verständnis von „Krise" wäre wiederum mit einem systemischen Konfliktverständnis durchaus kompatibel.

Boal erinnert zudem daran, wachsam und sensibel für strukturelle Ungerechtigkeit und Gewalt zu sein. Hiergegen nicht Position zu beziehen, wäre meines Erachtens eine falsch verstandene Neutralität den sozialen Verhältnissen gegenüber.

5. TDU IN DER SUPERVISION? - RESÜMEE

Nachdem sich in dem vorangegangenen Kapitel bereits erste Ansätze von Übertragungsmöglichkeiten des TdUs in die Supervision herausarbeiten ließen, wird nun insgesamt ein Resümee gezogen: Inwieweit bestehen Parallelen und können Entlehnungen aus dem TdU für die Supervision gemacht werden oder gibt es diesbezüglich auch Grenzen zu beachten?

Zu Beginn sei der Frage nachgegangen, ob vom Grundverständnis des TdUs her gesehen überhaupt eine Übertragung in die Supervision zu begründen ist.

5.1. OFFENHEIT DES TDUS FÜR EINE ANWENDUNG IM KONTEXT VON SUPERVISION?

Es kann zunächst einmal beobachtet werden, dass das TdU bereits in vielen außer-theatralen Disziplinen seine Verbreitung gefunden hat. Die Erklärung hierfür findet sich in dem Umstand, dass es nicht nur einen rein ästhetischen Anspruch hat, sondern mittels des TdUs ein Hineinwirken in gesamtgesellschaftliche Bereiche beabsichtigt ist. Boal wendet sich mit seinem Ansatz nicht speziell an Profi-Schauspielerinnen. Vielmehr geht er davon aus, dass alle Menschen Theater spielen können (vgl. Boal 2016, 8). Hierfür bietet er vielfältige und sehr praxisnahe Übungen und auch theoretische sowie didaktische Überlegungen an. Unermüdlich engagierte sich Boal für die Verbreitung seiner Arbeit. Die vielfältigen Anwendungen und Weiterentwicklungen wurden in der vorliegenden Arbeit aufgezeigt bzw. teilweise auch besprochen. Auch wurde einleitend geschildert, dass sich im deutschsprachigen Raum einzelne Beraterinnen u.a. auf Boal beziehen und im Kontext von Unternehmenstheater und Trainings TdU-Techniken genutzt werden.

Nun muss die Tatsache, dass TdU-Techniken in Beratungskontexten und im Rahmen von Interventionen in Organisationen bereits verwendet werden, nicht gleichbedeutend damit sein, dass eine solche Praxis mit dem TdU-Grundverständnis übereinstimmt.

Insbesondere befremdet, dass eine Methode marxistischer Provenienz von Unternehmenstheater-Anbietern verwendet wird. Hierzu konnte ein Diskurs nachgezeichnet werden.

Hüttler (2005) bringt diese naheliegende Kritik auf den Punkt, wenn er seiner theaterwissenschaftlichen Untersuchung von Unternehmenstheatern den Titel gibt: „Vom Theater der Unterdrückten zum Theater der Unternehmer". Für ihn steht Unternehmenstheater im Widerspruch zur eigentlichen Zielsetzung Boals.

> *„Den Angestellten wird zwar suggeriert, dass Unternehmenstheater zu ihrem Wohl ist, tatsächlich profitieren aber hauptsächlich das Unternehmen bzw. seine Manager und die Beraterfirmen davon." (ebd., 211)*

Heindl (2012) hingegen beschreibt eine alternative Sichtweise der Nutzung theatraler Interventionen in Organisationen. Hüttlers Kritik erwachse aus einem Verständnis von Organisation als ausbeuterisches Machtinstrument. Betrachte man sie jedoch auf Basis der Metapher einer sich stetig im Fluss und im Wandel befindenden Organisation, so gehe es weniger um Ausbeutung, als um Veränderungsprozesse. Die angemessene Anwendung einer theatralen Intervention bemisst sich hier auf der Ebene „der unmittelbaren Funktionalität" (ebd., 237). Entscheidend sei, ob es gelungen ist, persönliche Betroffenheit auszulösen und die Notwendigkeit einer Veränderung sowie deren Richtung darzulegen. Heindl geht davon aus, dass die betroffenen Arbeitnehmerinnen mit großer Sensibilität auf Manipulationen reagieren und schlussfolgert darum, dass „sich qualitativ hochwertiges Unternehmenstheater [...] auf dem Markt durchsetzen [wird]" (ebd.). Er bietet hilfreiche Kriterien, um theatrale Interventionen einordnen und somit gezielt einsetzen zu können. TdU gehört zu den partizipativ-explorierenden Methoden und sollte dementsprechend auch kongruent angewendet werden.

Meiner Ansicht nach gilt es, ähnlich wie es für die Supervision mittlerweile üblich ist, das Dreiecksverhältnis von Auftraggeber-System, dem theatralintervenierenden System sowie dem am Theater teilnehmenden System transparent zu gestalten. In diesem Grundverständnis drückt sich die Qualität von Arbeit mit und in Organisationen aus, die sich nicht in einer Vermarktung von Theatermethoden auf rein technokratischer Ebene erschöpft. Wie die Balance in dem Dreiecksverhältnis konkret ausgestaltet wird, muss im Einzelfall stets neu ausgelotet werden.

Bei Aufträgen, wo es um eine Präsentation oder ein Happening geht, sind die Zielsetzungen möglichst eindeutig und transparent zu gestalten. Hinsichtlich der Anwendung von partizipativen Methoden, wie die von Boal, ist dies in Unternehmenskontexten jedoch sicherlich eine Herausforderung. Einerseits besteht ein zielorientiertes Auftrags-Verhältnis zur (Unternehmens-)Leitung, andererseits gilt es einen ergebnisoffenen Prozess zu gestalten. Hierbei bleibt ein Spannungsverhältnis bestehen, da der theatrale Prozess stets im Dienste der Organisationsziele angesiedelt sein wird.

In welchem Maße das Austarieren der Balance bei den besagten Unternehmenstheateranbietern gelingt, vermag ich nicht exakt zu beantworten. Von außen betrachtet stechen jedoch marktorientierte Praktiken ins Auge, wie z.B. die Vermarktung einer eigenen rechtlich geschützten Theatermarke. Dies ist kritisch zu sehen in Anbetracht der Tatsache, dass die Entstehung vieler Theatermethoden geschichtlich betrachtet nicht als Erfindung einzelner gesehen werden kann (vgl. Hüttler 2005, 209). Zugleich sind diese Entwicklungen erklärbar angesichts des „hart umkämpften Markt[es] wie dem Unternehmenstheater- und Trainingsmarkt" – so zumindest beschreiben Flume et al. (2001) die Unternehmenstheaterlandschaft, die sie von innen heraus kennen. Auch Heindls (2012) Darstellung der geschichtlichen Entwicklung des Unternehmenstheaters in Österreich unterstreicht, wie dieses aus der Suche der freien Theaterszene nach neuen Finanzierungsmodellen zur Existenzabsicherung entstand (ebd., 177).

Solche Entwicklungen sind nachvollziehbar. Die eigene Existenz abzusichern ist auch eine Herausforderung vor der solche Vertreterinnen stehen, die sich ausschließlich auf Boal berufen (vgl. Hahn 2018).

Es ist ebenso möglich, dass – wie Heindl (2012, 237) konstatiert – im Kontext der Unternehmenstheater schlichtweg der Ursprung der angewendeten Methoden nicht bekannt ist.

Demgegenüber möchte ich im Rahmen dieser Arbeit und im Anschluss an meine Auseinandersetzungen mit den Grundideen des TdUs dennoch die ihm zugrunde liegende Haltung betonen.

Die Rückbesinnung auf Boals Zielsetzung, stets auch gesellschaftliche und wirtschaftliche Bezüge mitzudenken und auch auf dieser Ebene Veränderung initiieren zu wollen, bietet für mich ein wichtiges Korrektiv. Boal mahnt m.E. eine Sichtweise an, die über das an den Organisationszielen orientierte Dreiecksverhältnis hinaus führt und austritt aus deren Logik.

Denjenigen TdU-Vertretern, die außerhalb von Unternehmenszusammenhängen arbeiten, sowie der sog. radikal-demokratischen Theaterszene im Allgemeinen (vgl. Heindl 2012, 185) kommt im zivilgesellschaftlichen Diskurs eine besondere Rolle zu. Sie können von Außen kommend wirtschaftliche Machtverhältnisse hinterfragen und auf anderen Ebenen versuchen Einfluss zu nehmen. Boals Unsichtbares Theater sowie die Idee des Legislativen Theaters bieten hierfür konkretes Handwerkszeug.

In solcherlei Nutzung der Boal'schen Techniken sehe ich eine stimmigere Ausgestaltung des TdUs. Die ihm zu Grunde liegenden Ideen werden konsequent miteinbezogen und nicht einzelne Techniken isoliert herausgegriffen.

Gleichzeitig sagt Boal selbst, dass er nicht der Erfinder einzelner Methoden sei, sondern ebenfalls auf anderen Ideen aufbaue (vgl. Diamond 2013, 56). Übungen und Spiele im Rahmen von theatralen Interventionen im Organisationskontext können sich dementsprechend durchaus an Boals Vorschlägen orientieren. Jedoch ist dies dann kein „Theater der Unterdrückten" in seinem eigentlichen Sinne mehr.

Hahn (2018), der selbst langjähriger TdU-Praktiker und systemischer Berater ist, trennt beispielsweise klar zwischen den Bereichen. In seiner Arbeit als Supervisor bediene er sich zwar Boal'scher Methoden, verwende hierbei aber nicht die TdU-Begrifflichkeiten. TdU-Workshops stellen für ihn ein gesondertes Setting dar. (vgl. ebd., 96)

Hiermit ist die Überleitung geschaffen zu einem **Resümee, inwieweit in der Supervision Offenheit für Entlehnungen aus dem TdU besteht.**

5.2. MÖGLICHKEITEN UND GRENZEN VON ENTLEHNUNGEN AUS DEM TDU FÜR DIE SUPERVISION

Supervision wurde in dieser Arbeit mit Rappe-Giesecke (2009) als „personenbezogene berufliche Beratung" (ebd., 3) definiert. Durch sie wird individuelle und soziale Selbstreflexion angeregt, mit dem Ziel die Qualität des professionellen Handelns zu sichern (vgl. ebd.) Aus meiner Sicht finden sich hier Entsprechungen zum TdU. Es arbeitet ausgehend von konkreten, persönlichen Situationen und möchte zu Selbstreflexion und Klärung von Ambivalenzen anregen. Die Möglichkeit einer Übertragung des TdUs in die Supervision, ist m.E. auf methodischer Ebene anzusiedeln. Hier folge ich ebenfalls Rappe-Giesecke (2009), die in ihrer Supervisions-Konzeption beschreibt, dass sich Supervision sog. Programme und hierzu passender Verfahren bedient (vgl. ebd., 15f.).

Bezogen auf die Fragestellung dieser Arbeit bedeutet dies, dass **im Supervisionskontext Entlehnungen aus dem TdU als methodische Verfahren zu verstehen** sind. Die Methodologie des TdUs, so wie Boal sie in einem Gesamtzusammenhang mit seinen theoretischen Annahmen sieht, kann nicht vollständig übernommen werden. So wie im vorangegangenen Abschnitt von Hahn (2018, 96) beschrieben, steht nicht im Vordergrund, TdU anzubieten, sondern in erster Linie Supervision – welche sich jedoch ggf. punktuell Boal'scher Techniken bedienen kann.

5.2.1. Bedeutsame Aspekte für die praktische Anwendung der Methoden Boals in der Supervision

Im Rahmen dieser Arbeit konnte ich verschiedene Aspekte, die für eine solche methodische und praktische Anwendung des Repertoires von Boal in der Supervision wichtig sind, herausarbeiten.

Die möglichen bearbeitbaren Fragestellungen reichen von Konflikttransformation und genereller Erweiterung von Sichtweisen bis hin zur Eröffnung neuer Zugänge für ein Problem und einer Lösungsperspektive.

Als möglicher Themenbereich, der mit den beschriebenen Techniken bearbeitbar ist, ist die Analyse und Transformation von Konflikten genannt worden. Im Rahmen der Auseinandersetzung mit Ebbers Untersuchung zum TdU für die Friedens- und Konfliktforschung (2014) konnten auch mögliche Schlussfolgerungen für die Supervision gezogen werden. Für das Format der Supervision sind vermutlich insbesondere die introspektiven Techniken für eine Konflikttransformation zielführend.

Ganz allgemein gesehen können die TdU-Techniken überall dann genutzt werden, wenn es um das Anregen von Perspektivübernahmen sowie die

Erweiterung und Verflüssigung von Wirklichkeitskonstruktionen geht. Solcherlei Prozesse können insbesondere durch den kreativen, humorvollen und nicht ausschließlich sprachlich orientierten Zugang des Theaters unterstützt werden. Anhand der Analyse von Haug (2005) bezüglich der Frage, wie mittels des TdUs Empowermentprozesse angeregt werden können, konnten solcherlei Aspekte auch für die Supervision ausgedeutet werden.

Boals Repertoire bietet Möglichkeiten in der Supervision kreativ sowie körperorientiert zu arbeiten.

Die Stärke einer solchen Zugangsweise liegt darin, dass der Mensch als biopsychosoziale Einheit angesprochen wird. Es werden nicht nur rein rationale Verstehenszugänge und Möglichkeiten zur Erprobung von Handlungsveränderungen angeboten. Die positive Wirkung solcher analogen Erweiterungen wird gestützt durch Erkenntnisse, wie sie allgemein für den Embodiment-Ansatz herangezogen werden. Demnach benötigen Menschen für eine veränderte Praxis „stimmige, attraktive, körperliche Erfahrungen von verändertem Verhalten. Die sinnliche Vorwegnahme des zukünftigen Handelns, das Probehandeln und die verkörperte Haltung als Anker für den Transfer in die Praxis beachten die Rolle des Körpergedächtnisses für Lern- und Veränderungsprozesse" (von Kaldenkerken 2018b, 4).

Vielerlei TdU-Übungen können die systemische Supervisionsarbeit unterstützen.

Im Supervisionssetting lassen sich aus meiner Sicht besonders das Bildertheater und der „Regenbogen der Wünsche" gut anwenden. Sie induzieren die oben genannten Aspekte einer Erweiterung von Perspektiven und ermöglichen nonverbale, spielerische Zugänge auf erlebte Problemsituationen.

Boals Übungen ähneln teilweise anderen bereits in der Supervision etablierten Interventionen. Wenn bei den introspektiven Techniken verschiedene Wünsche erarbeitet und ein Dialog mit den verschiedenen inneren Anteilen angestrebt wird, so erinnert dies an die Arbeit mit dem Inneren Team (vgl. hierzu beispielsweise die Einführung von Rohr 2016). Auch ähneln manche seiner Zugänge, wie z.B. beim Bildertheater oder dem „Regenbogen der Wünsche", an Herangehensweisen in der Skulptur- und Aufstellungsarbeit. Bei Boal wird – aus seinem gesellschaftsorientierten Verständnis heraus – aus den verschiedenen gestellten Bildern im gemeinsamen Gruppenprozess eine „kollektive Vorstellung der Realität" (Feldhendler 1992, 36) erarbeitet. Aus meiner Sicht bietet hier das methodische Repertoire aus der Aufstellungsarbeit und auch eine konstruktivistische Positionierung eine Schärfung. Für die Supervision bedeutet dies, deutlich zu machen, dass die Bearbeitung protagonistenzentriert erfolgt und die Aufstellungen die momentanen inneren Konstruktionen von Einzelnen repräsentieren.

Viele der Übungen im TdU beinhalten für mich systemische Ansätze, wie es bereits bei der Beschreibung von Diamonds Weiterentwicklung des TdUs genannt wurde. Als ein weiteres Beispiel sei die Methode „The image of the hour" genannt (Staffler 2009, 82). Hier kommt stark der Aspekt der Kontextabhängigkeit der Wirklichkeitsbeschreibungen zum Tragen. Es sollen Situationen oder Verhaltensweisen gezeigt werden, die beispielsweise früh morgens geschehen oder am eigenen Geburtstag. Auch können Fragen gestellt werden, wie „Was macht ihr, wenn ihr das macht, was ihr am meisten hasst? Wie sieht euer Leben in zehn Jahren aus?" (Staffler 2009, 82). Bei Boals Arbeit mit Ritualen und Masken werden gefestigte Muster und Interpunktionen hinterfragt und Möglichkeiten neuer Verhaltensweisen erkundet (vgl. z.B. Boal 2018, 232ff.). Auch dies entspricht m.E. systemischen Vorgehensweisen.

Es gibt jedoch auch Grenzen bei den methodischen Entlehnungen aus dem TdU zu beachten.

Mehrfach wird in der TdU-Literatur darauf hingewiesen, dass die introspektive Technik „Polizist im Kopf" sehr anspruchsvoll ist. Für einen verantwortlichen Umgang werden teilweise therapeutische Kenntnisse für die Anleitung als erforderlich angesehen (vgl. Kap. 3.5). Aus meiner Sicht bedeutet dies, dass von Seiten der Supervisorin der persönliche Schutz innerhalb der Supervionsgruppe gewahrt werden muss. Teamsupervisionen wären somit kein Ort, um intrapersonelle Anteile tiefgehend zu explorieren.

In der Supervision würden außerdem TdU-Formen, wie das Unsichtbare Theater sowie das Forumtheater, nicht in das Format passen. Vielmehr sind solcherlei Varianten geeignet für Formate, die übergreifend auch andere Subsysteme von Organisationen mit in den Fokus nehmen und involvieren wollen, wie z.B. Maßnahmen zur Organisationsentwicklung.

Eine weitere Grenze für die Anwendung theatraler Methoden in der Supervision stellen möglicherweise die Rahmenbedingungen dar. Für das theatrale Arbeiten wird Zeit und Raum benötigt, um in der Gruppe ein vertrauensvolles Klima zu schaffen und die Öffnung und Bereitschaft für die Körperarbeit und das gemeinsame theatrale Darstellen zu erarbeiten. Dies bedeutet, dass sich eine solche Arbeitsweise beispielsweise eher für Teamentwicklungstage eignet.

Methodenpluralität ist hilfreich in der Supervision und es gilt hieraus eine sinnvolle Auswahl zu treffen.

Der Supervisorin kommt eine hohe Verantwortung zu. Sie muss eine angemessene Methodenwahl – also auch aus den TdU-Techniken – treffen und sie passend einführen. Wie im Supervisions-Kapitel dargestellt, müssen die Methoden dem Beratungsinhalt dienen, aber auch zu der Gruppe sowie der Supervisorin selbst passen. Es ist wichtig, dass ich als Supervisorin nicht alleinig auf das theatrale Arbeiten fokussiert bin. Vielmehr ist eine Methodenpluralität sinnvoll, um dem komplexen Gegenstandsbereich der Supervision entsprechen zu können (Rappe-Giesecke 2009, 15). Watzlawick hat hierfür ein treffendes Bild: „Wer nur einen Hammer hat, für den sind alle Probleme Nägel" (zit. in ebd.).

5.2.2. Entsprechungen und Unterschiede auf Ebene der Haltung und der theoretischen Grundannahmen

Auch auf der Ebene der Haltungen und des wissenschaftstheoretischen Hintergrundes können bezüglich möglicher Entlehnungen aus dem TdU in die Supervision einige Thesen herausgearbeitet werden.

Das dem TdU zugrunde liegende humanistische Menschenbild ist auch für die Supervision konstituierend.

In Anlehnung an Freire ist Boals Menschenbild geprägt von humanistischen Grundwerten (vgl. Kap. 3.3). Auch in der Supervision ist die Annahme der menschlichen Lern- und Entwicklungsfähigkeit grundlegend. Diese positive

Sicht auf mich und mein Gegenüber bietet m. E. die Voraussetzung, ein Setting für veränderte Sicht- und Verhaltensweisen kreieren und halten zu können.

Bei der Anwendung von TdU-Techniken kommen verschiedene Aspekte der Empowerment-Förderung zum Tragen. In ihrer ressourcenorientierten und lösungsfokussierten Ausrichtung sind sie vereinbar mit der Haltung im Rahmen einer systemischen Supervision.

Nach Haug (2005) kommen im TdU folgende Empowerment-fördernde Qualitäten zum Tragen: Frei-Spiel, Eigen-Art, Probe-Raum, Quer-Denken, Lach-Macht, Grenz-Überschreitung, Konflikt-Kultur und Öffentlichkeitsarbeit. Zu allen konnte aufgezeigt werden, dass diese Aspekte auch im Sinne der systemischen Supervisions-Haltung ausgedeutet werden können (vgl. 4.2.2).

Das Theater bietet – wie die Supervision – das Setting für die sog. Beobachtung 2. Ordnung. Die Metapher der Bühne steht in Analogie zu dem Eröffnen von Möglichkeitsräumen, wie es auch in der lösungsfokussierten Arbeit induziert wird.

Aus systemischer Sicht geschehen Veränderungen zwar autopoietisch, jedoch kann ich als Supervisorin durch die sog. Pertubation solche Prozesse anregen. Hierfür ist ein Repertoire an Methoden zum Hinterfragen und Verflüssigen von Wirklichkeitskonstruktionen hilfreich. Ich biete in der Supervision einen Rahmen an, in dem neue Beobachtungen getroffen werden können. Konstruktivistisch gesprochen stellt die Supervision einen Raum für die „Beobachtung 2. Ordnung" dar. Berufliche Situationen können aus der Distanz betrachtet und neu beleuchtet werden. In der Arbeit mit theatralen Interventionen liegt in ähnlicher Weise die Chance, inneres Erleben und Situationen „auf die Bühne zu holen".[41] Die Betrachtung von außen, das Austauschen über die Wirkung der entstehenden Bilder und Szenen und die angestoßenen Assoziationen ermöglichen neue Sichtweisen. Das

[41] Den Zusammenhang von Unternehmenstheater und der Beobachtung 2. Ordnung deutet beispielsweise Sprute (2000) aus. Er hebt hierfür zweierlei Aspekte hervor: „Unternehmenstheater mit Schauspielern als Beobachtungsprodukt zweiter Ordnung", sowie „partizipatives Unternehmenstheater als reflexive Selbstbeobachtung" (vgl. ebd., 96ff.).
Auch bei G. Schreyögg (2007) findet sich eine Darstellung der Bedeutung der Beobachtung 2. Ordnung für das Unternehmenstheater.

Bild der Theaterbühne hilft aus meiner Sicht, ähnlich wie es beispielsweise die sog. Wunderfrage aus dem lösungsfokussierten systemischen Arbeiten induziert, herauszutreten aus den gewohnten Bahnen. Anstelle des eher problemorientierten Blicks werden Möglichkeitsräume eröffnet bzw. erspielt.

Die herausgearbeitete Haltung des Jokers im TdU entspricht dem Verständnis von Prozessbegleitung im Rahmen systemischer Supervision und erinnert an die partizipative Leitung bei der Themenzentrierten Interaktion.

Die pädagogische Haltung Boals, sich selbst nicht als Expertinnen zu betrachten, erinnert an das systemische Selbstverständnis als Supervisorin. Beispielsweise spiegelt sich dies in der Art und Weise wider, wie Fragen gestellt werden und mit dem theatral Erarbeiteten umgegangen wird. Stets wird markiert, dass es um subjektive Deutungen geht und nicht um allgemein gültig festlegbare Wahrheiten.

Mich erinnert das Verständnis der Begleitung des TdU-Prozesses an Ruth Cohns partizipative Leitung im Rahmen der Themenzentrierten Interaktion (TZI) (vgl. hierzu Hagleitner 1996, 14f.). Ihr humanistisches Konzept für lebendiges Lernen in Gruppen entstand ebenfalls im Zuge der humanistischen Ausrichtung in der Psychologie. Es bietet vielerlei bedeutsame Aspekte für die Arbeit mit und in Gruppen, die also auch für Supervision mit Gruppen oder Teams relevant sein können. Nach Ruth Cohn ist für einen lebendigen Lernprozess in der Gruppe eine dynamische Balance notwendig, die folgende Bereiche umfasst: das Thema, das Ich, die Gruppe sowie den sog. „globe" (vgl. Langmaak/Braune-Krikau 2000, 87ff.).

Boal nimmt mit seinen Ideen konsequent die gesellschaftspolitischen und ökonomischen Bedingungen in den Blick. So wie der systemische Zugang, ruft er in Erinnerung, in der Supervision nicht zu stark individuumzentriert zu arbeiten, sondern auch die Kontextfaktoren zu beleuchten. Angesichts der „spätmoderne[n] Selbstoptimierungskultur" (Baur 2015, 187) können m.E. Boals Vorschläge einen wertvollen Beitrag für eine mehrdimensionale Analyse leisten, die die Ebene des

„globes" (gemäß des TZI-Konzepts, vgl. z.B. Nelhiebel 2010) nicht außer Acht lässt.

Es wurden zentrale Grundbegriffe von Boal, wie Metaxis und analoge Induktion, beschrieben. Boals Methodologie baut auf der Annahme auf, dass alle ökosystemischen Ebenen in Wechselwirkung stehen. Die gesellschaftlichen und wirtschaftlichen Verhältnisse auf der Makroebene schlagen sich auf der Mikroebene nieder. Umgekehrt kann vom Individuum ausgehend eine Beeinflussung der Makroebene geschehen (vgl. Kap. 3.2.3). Für die Supervision bietet Boals Zugang eine korrektive Qualität. Er sensibilisiert dafür, nicht ausschließlich nach innerpsychischen Erklärungen zu suchen und auf dieser Ebene zu intervenieren. Diese konsequente Einbeziehung von Umweltfaktoren entspricht auch der systemischen Beratung, welche sich von dem individuumszentrierten Denken der lange vorherrschenden psychoanalytischen Tradition loslöste (vgl. von Schlippe/Schweitzer 2016, 33).

Der über das Individuum hinausreichende Blick kann insbesondere für aktuell virulente Herausforderungen der sich wandelnden Arbeitswelt hilfreich sein. Es ist eine Entgrenzung von Arbeit zu konstatieren, beispielsweise durch flexible Arbeitszeiten und ein zunehmendes Auflösen der Trennung von privater und beruflicher Sphäre, durch agilere Arbeitsformen in flacheren Hierarchien sowie eine Aufweichung sozial abgesicherter Beschäftigungsverhältnisse (vgl. z.B. Voß 2011, 51f.). Die Kehrseite der gewonnenen Freiheiten ist, dass Überforderungen subjektiviert werden:

> *„Die Belastungen und ein mögliches Scheitern werden oft sich selbst zugerechnet." (Voß 2011, 55)*

Auch Baur (2015) beschreibt solcherlei Phänomene bei der Betrachtung der spätmodernen Selbstoptimierungskultur (ebd., 187). Diese Kultur speise sich aus verschiedenen Quellen. Nicht nur individuelle, biografisch erworbene, sondern auch gesellschaftlich-kulturelle sowie ökonomisch-arbeitsweltliche Determinanten spielten eine Rolle (vgl. ebd., 191). So vielfältig wie diese Einflüsse sind, so müssten auch die verschiedenen Ebenen beleuchtet werden. Die rein individuelle Perspektive berge die Gefahr eines blinden Flecks (vgl. ebd., 205). In der Sprache der TZI gesprochen, bieten Boals Ideen ein Korrektiv, die Seite des „globes" nicht abgedunkelt zu lassen.

Boal betrachtet das Phänomen von Unterdrückung und Konflikten durch eine marxistische „Brille". Für die systemische Supervision bedarf es einer Differenzierung dieser dichotomen Sichtweise, da Wirklichkeit als komplex und zirkulär verstanden wird. Es sollten auch andere mögliche Erklärungsweisen angeboten werden sowie eine allparteiliche Haltung gewahrt bleiben. Dies schützt davor in der Supervision zu Ideologisierung und Missionierung zu tendieren.

Es ist bei der Beschreibung von Boals Bezugsrahmen und seinem Theoriegerüst beschrieben worden, dass er soziale Wirklichkeit in marxistischer Lesart deutet und sie in Unterdrücker und Unterdrückte unterteilt (vgl. Kap. 3.2.2). Im Rahmen der Entwicklung des TdUs gab es jedoch auch stets einen Diskurs über diese Perspektive. Es konnte ein differenzierteres Verständnis der Begrifflichkeiten nachgezeichnet werden, als es bei einer oberflächlichen Betrachtung des TdUs zunächst erscheint (vgl. Kap.3.2.1.). Für den herzustellenden Zusammenhang zu einer systemischen Supervision ist insbesondere Diamonds Weiterentwicklung des TdUs anzuführen (vgl. Kap. 4.2.1.2). In der Supervision gilt es, die Wirklichkeit nicht eindimensional zu verstehen, sondern in ihrer Komplexität zu erforschen. Dies hilft zum einen die Haltung der Allparteilichkeit zu wahren. Die verschiedenen Perspektiven auf eine Situation oder ein Problem können somit jeweils zur Geltung kommen und auch das bestehende Dreiecksverhältnis zwischen auftraggebendem, ratsuchendem und beratendem System kann angemessen und unvoreingenommen berücksichtigt werden. Zum anderen können im Sinne des Kontingenzprinzips auch andere mögliche Erklärungsweisen für organisationale Phänomene in Betracht gezogen und angeboten werden. Um dem komplexen Gegenstandsbereich von Supervision gerecht zu werden, kann es nur hilfreich sein, verschiedene Beschreibungs- und Deutungsmöglichkeiten der auftretenden Phänomene zu kennen.

Die Marxsche Theorie bietet ohne Zweifel hilfreiche Beobachtungs-Kategorien. Schließlich war Marx es, „der im 19. Jahrhundert als Erster eine systematische Gesellschaftsanalyse auf der Grundlage einer Bestimmung der Produktivkräfte und der Produktionsverhältnisse vornahm" (Kühl 2018, 12). In der Dissertation von Hausinger (2002) mit dem Titel „Ökonomie und Arbeit" findet sich eine ausführliche Auseinandersetzung zu den Themenkomplexen des Supervisionskontextes und den dazugehörigen Theorien. U.a. schildert sie Grundannahmen von Marx und arbeitet die Relevanz der

Marxschen Kritik für die Supervision heraus. Beispielsweise habe er treffend die Verselbstständigung der Produktionsverhältnisse und eine Zunahme von Komplexität prognostiziert. Die zunehmende Komplexität sowie Entfremdungs- und Zurichtungsphänomene sind für Hausinger mögliche Beratungsgegenstände in der Supervision (vgl. ebd., 99).

Die Kritik an den Unternehmenstheatern als „Theater der Unternehmer" statt eines „Theaters der Unterdrückten" (vgl. Hüttler 2005) speist sich aus einer marxistischen Lesart mit ihrer Annahme der unterdrückten Arbeiterklasse. Im Rahmen der vorliegenden Arbeit konnte hierzu eine weitere Sichtweise aufgezeigt werden. So zeigt Heindl (2012) auf, dass nicht nur Bilder von „Organisation als Machtinstrument" unsere Sichtweise prägen, sondern auch andere Metaphern und organisationstheoretische Annahmen bestehen können (vgl., ebd., 227f.). Wenn ich beispielsweise die Folie von der „lernenden Organisation im Wandel" oder von „Organisation als Kultur" anlege, so ergeben sich andere Sichtweisen auf Interaktionen und Beziehungsmuster.

Aus Kühls (2018) Sicht würde die Beschränkung des marxistischen Blickwinkels auf Kapital und Arbeit möglicherweise zu Verkürzungen führen (vgl. z.B. ebd., 121). Er stellt andere Perspektiven aus der Systemtheorie heraus, wie z.B. die Eigenlogik von Organisationen im Gegensatz zu einer Logik der Profitmaximierung (vgl. ebd., 43ff.) oder die funktional differenzierte Gesellschaft statt einer Zwei-Klassen-Gesellschaft (vgl. ebd., 85ff.).

Ein vielfältiges Hintergrundwissen kann hilfreich sein, in der Supervision zu erarbeiten, welche Perspektiven die einzelnen Personen auf die eigene Organisation haben und wie diese deren Verhalten prägen. Daneben können auch andere Sichtweisen aufgezeigt werden – v.a. da, wo das Wohl des Einzelnen und das Gemeinwohl drohen zerrieben zu werden. Aus konstruktivistischer Sicht sind Beobachtungen und Zuschreibungen jedoch nicht allgemeingültig. Somit können sie in der Supervision nur hypothesenhaft angeboten werden. Es gilt immer der Kontingenzvorbehalt. Dieses Wirklichkeitsverständnis schützt mich als Supervisorin davor, meine Sichtweise als allgemeingültig zu verstehen und ideologisch und missionarisch zu werden. Es ist eine Gratwanderung, im Rahmen der Supervision zu hinterfragen und kritisches Denken anzuregen, ohne die Augenhöhe zu verlieren. Es besteht die Gefahr der „Hybris des Beraters" zu verfallen (vgl. Barthelmess 2016, 15ff.), hier z.B. im Sinne einer politisch aufgeklärten Expertin, die meint, die Lage besser zu durchschauen.

Boal gibt ein Beispiel für eine klare Positionierung. Auch als Supervisorin gilt es, meine eigene berufsethische Haltung zu reflektieren und sie angemessen zu vertreten.

Boal ergreift mit dem TdU und seinem Engagement Partei für die Schwachen, Ausgebeuteten, Leidtragenden und Hilfesuchenden (vgl. Staffler 2009, 105). Der Reiz an Boals Ideen ist, dass sie Kategorien und Kriterien bieten, unterdrückerische Situationen deutlich zu benennen. Anhand konkreter Szenen wird der Frage nachgegangen, wer in seiner Handlungsfreiheit eingeschränkt wird und nach den möglichen Gründen hierfür geforscht. Der Analyse und dem Explorieren von solcherlei Konfliktsituationen (auch intrapsychischen) wird viel Raum gegeben. Richtschnur für Boal ist stets eine klare Orientierung an den Menschenrechten (vgl. Fritz 2013, 104ff.).

Für die Supervision gilt ebenfalls, die Würde des Einzelnen und das Gemeinwohl zu achten (vgl. ethische Richtlinien der DGSv 2003; Buer 2000, 96). Als Supervisorin sollte ich mir meiner eigenen berufsethischen Positionierung bewusst sein. Durch diese kann ich mein methodisches Tun mit einer Haltung füllen und auch meinem Gegenüber dazu verhelfen, seinen Standpunkt zu finden und zu beziehen. Tölle (2007) spricht in diesem Zusammenhang von Supervision im Sinne eines Weiterbildungsauftrags. Die eigenen erfahrungs- und theoriegestützten Haltungen würden angeboten, um hierdurch Lern- und Entwicklungsprozesse anzuregen (vgl. ebd., 9f.). Auch „scheinbar neutrales Heraushalten" (ebd., 9) sei eine Position. Meine Konstruktionen und Bilder – beispielsweise von „guter Arbeit" (Wilbers 2018, X) – fließen letztlich immer in den Supervisionsprozess und die Suche nach Lösungen mit ein. Supervision ist somit nicht wertneutral (vgl. ebd.).

Im Sinne der ethischen Selbstverpflichtung kann es bedeuten, in der Supervision da Stellung zu beziehen, wo humanistische, gesellschaftliche oder ökologische Ansprüche drohen außer Acht gelassen zu werden. Solcherlei Aspekte gilt es auf angemessene Weise in den Supervisionsprozess einzuspeisen. Angemessen bedeutet, im Sinne der vorherigen These, möglichst nicht in einen ideologisierenden Duktus zu verfallen. Die Einlösung der genannten Normen ist nämlich nicht immer so eindeutig zu bestimmen. Wilbers (2018) beschreibt dies anschaulich an einem Beispiel aus der Krankenpflege, wo durch den ökonomischen Druck die Beziehungsqualität zwischen dem Pflegepersonal und den zu Pflegenden leidet. Sie zitiert die ethischen Leitlinien der DGSv, in denen ein behutsamer „Umgang mit Macht und Abhängigkeiten" (DGSv 2003 zit. ebd., 43) gefordert wird. Es gilt ihrer Meinung nach,

> *„dem Fakt Rechnung zu tragen, dass die Not und die Empörung über diesen Zustand auf der Arbeit, ihn/sie in Konflikt mit dem (was den Arbeitsplatz betrifft) mächtigeren Auftraggeber bringt und im Extremfall die Stelle kosten kann, von welcher er/sie für den Lebensunterhalt in der Regel abhängig ist. Behutsamkeit könnte in solch einem Moment für Supervisor/innen bedeuten, emotionsgesteuerten Aktionismus bei Supervisand/innen zu vermeiden und einen ausgewogeneren Umgang mit dem Dilemma zu fördern." (ebd.)*

Die Autorin fügt die kritische Frage an:

> *„Geht das, ohne die Arbeitsumstände indirekt doch gutzuheißen? Es wird mich als Supervisorin sicherlich auch in ethische Dilemmata führen." (ebd.)*

Hiermit ist das Spannungsfeld benannt, in welchem sich die Supervision „aufgrund ihres Selbstverständnisses und ihres Aufklärungs- und Emanzipationsanspruchs zwischen Mensch und Ökonomie" (Hausinger 2008 zit. ebd., 60) befindet. Dies führt nun – jenseits der konkreten Überlegungen zum TdU und den Entlehnungsmöglichkeiten für die Supervision – zur allgemeineren Frage nach der emanzipatorischen Ausrichtung von Supervision. Wie in der Einleitung beschrieben, durchzieht diese Frage die vorliegende Arbeit, wie ein roter Faden, und soll nun im Folgenden resümiert werden.

5.3. SCHÄRFUNG DES BEWUSSTSEINS ÜBER DEN EMANZIPATORISCHEN GEHALT VON SUPERVISION

Meiner Meinung nach kann Boal mit seinem gesellschaftspolitischen Anspruch Impulse geben, die emanzipatorische Ausrichtung der Supervision (wieder neu) zu fokussieren.

Eine emanzipatorische Ausrichtung gehört zum Wesenskern von Supervision.

Anhand der Verlautbarungen der DGSv konnte verdeutlicht werden, dass eine gesellschaftspolitische Orientierung zu den Qualitäten supervisorischer Grundhaltungen gehört. Explizit wird in den ethischen Leitlinien erwähnt, dass Supervision „gleichermaßen der Emanzipation als auch der Bindung, der Ermöglichung neuer Sichtweisen und der persönlichen Weiterentwicklung von Einzelnen, Gruppen, Teams und Organisationen" (DGSv 2003, 1) diene.

Wittenbergers (2008b) Ausführungen liefern Erläuterungen zum Verständnis von emanzipatorischer Praxis und ihrer Übertragung auf Supervision. Insbesondere konnte anhand reflektierender Positionierungen von Supervisorinnen aufgezeigt werden, wie gesellschaftskritisches Bewusstsein ihrem professionellen Selbstverständnis von Supervision immanent zu Grunde liegt (vgl. z.B. Weigand 2015; Tölle 2007; Busse 2008).

Eine Fokussierung der emanzipatorischen Seite von Supervision fand und findet im Verlauf ihrer Professionsentwicklung unterschiedliche Gewichtung. Es gilt somit, die Betonung des Emanzipationsanspruchs immer wieder neu zu vollziehen und ihn sich bewusst zu machen.

Anhand der Analyse von Stefan Busse (2008; vgl. Kap. 2.1.2) konnte aufgezeigt werden, dass die aufklärerische Seite der Supervision über ihre geschichtliche Entwicklung hinweg unterschiedlich ausschlaggebend war. Die heutigen Diskussionen würden, seiner Ansicht nach, bestimmt durch die Herausforderungen angesichts der Ökonomisierungstendenzen im sozialen Bereich, der Expansion auf den Profitsektor und der Marktkonkurrenz zum Coaching (vgl. Busse 2008, 64f.). Auch Austermann (2019) sieht Veränderungen im Vergleich zu den anfänglichen emanzipatorischen Wurzeln der Supervision in Deutschland. Er konstatiert, dass „angesichts kritischer Weiterentwicklungen von Supervision und Coaching [...] professionsethische[n] Grundlagenfragen zum Teil aus dem Blick geraten" (ebd., 6). Aus diesem Grund wendet er sich in einem Artikel dem Beratungsverständnis von Cora Baltussens zu, um so an die „demokratischen, emanzipatorischen und internationalen Wurzeln der Profession Supervision" zu erinnern. Für ihn fallen derzeitige Supervisions- und Coaching-Diskurse in ethischer und politischer Hinsicht hinter den Beginn der Supervisions-Rezeption der 1950er und 1960er Jahren zurück (vgl. ebd., 6; 7). Es gelte professionsethisch kritisch zu hinterfragen, wenn Supervision oder Coaching als „trivialisierte Therapie" (Bude 1988 sowie hierzu Gröning 2013, zit. ebd.) fungieren oder ausschließlich funktional-optimierende Zielsetzungen in den Mittelpunkt gestellt würden (vgl. ebd., 14).

Die Akzentuierung des emanzipatorischen Anspruchs von Supervision ist heute aktueller denn je.

Angesichts der Entwicklungen in der postmodernen Arbeitswelt und den globalisierten Wirtschaftszusammenhängen halte ich die Unterstreichung der emanzipatorischen Ausrichtung von Supervision für hochaktuell. Die Logik des neoliberalen Systems lässt ökologische, ethische und gesellschaftliche Aspekte überwiegend außer Acht (vgl. Hausinger 2008 zit. in Wilbers 2018, 56). Der Reflexionsrahmen von Supervision bietet die Chance solche Perspektiven einzunehmen. Auch kann in ihm reflektiert und benannt werden, dass die Steigerungslogik auf Kosten der genannten Werte keine faktisch gegebenen und unhinterfragbaren Entwicklungen sind.

Alle in dieser Arbeit angeführten Positionierungen für ein emanzipatorisches Verständnis von Supervision setzen sich kritisch mit den aktuellen gesellschaftlichen und wirtschaftlichen Entwicklungen auseinander. Ganz offensichtlich fordern diese solcherlei „Bewusstseins-Arbeit" heraus.

Weigand (2015) äußert beispielsweise die Befürchtung, dass die Supervision zu einem „Anpassungs- und Gewinnsteigerungsinstrument verkommt", das „nur noch Öl, nicht einmal mehr ein bisschen Sand im Getriebe" (ebd., 16) sei. Dieses pointierte Bild illustriert die Virulenz der beschriebenen Entwicklungen für die Supervision und ihr Wesen, sowie der darin enthaltenen Widersprüchlichkeiten.

Es gilt einerseits ein klar positioniertes Professionsethos zu entwickeln und den emanzipatorischen Gehalt von Supervision zu bewahren. Andererseits ist anzuerkennen, dass dieses Bewusstsein nicht vor Widersprüchlichkeiten schützt.

Bei der Auseinandersetzung mit der emanzipatorischen Ausrichtung von Supervision tritt ein häufiges Dilemma zu tage. Die Supervisionspraxis selbst kann systemstabilisierend wirken. Hinter Aufträgen, z.B. der Förderung von Selbstorganisation, Kooperation oder Kompetenzen zur Konfliktlösung, steht die Gefahr „zu einer ökonomischen Funktion der modernen Wirtschaftsweise degradiert" (Hausinger 2008 zit. in Wilbers 2018, 61) zu werden. Ähnlich bringt es Zumhof (2012) im Zusammenhang mit dem gesellschaftspolitischen Anspruch des TdUs auf den Punkt. Zentrale gesellschaftskritische Schlagworte haben „die Fronten gewechselt" (Thomson zit. in Zumhof 2012, 51). Emanzipation, Autonomie und Selbstbestimmung etc. würden in einem „gesellschaftlichen Verwertungszusammenhang" (ebd.) stehen. Am Beispiel der Selbstoptimierung wurde bereits die Gratwanderung aufgezeigt, dass Supervision ein Angebot sein kann, welches den „Selbstoptimierungsstrategien und ihre[m] Regime" (Baur 2015, 188) entspricht oder aber Fragen nach Selbstbegrenzung und dem Ausstieg aus der Selbstoptimierungskultur (vgl. ebd., 202) thematisiert.

Auch tritt ein Konfliktfeld auf, in welchem Supervision selbst Teil der Dynamik des Beratungsmarktes ist. Dies birgt den Widerspruch von unbewussten Dynamiken, da wo eine Supervisorin einerseits selbst den „Entgrenzungs-, Subjektivierungs-, Optimierungs- und Wettbewerbsdynamiken" (Baur 2015, 202f.) unterliegt, andererseits die Veränderung der Selbstoptimierungsdynamik bei ihrem Gegenüber zu erreichen versucht (vgl. ebd.). Darüber hinaus ist kritisch zu hinterfragen, inwieweit bei existenzieller Abhängigkeit von Supervisionsaufträgen ökonomische Interessenslagen die kritische Distanz zu Organisationen, Prozesszielen oder den Kontraktbedingungen beeinträchtigen. Wenn Wilbers (2018) beispielsweise ihre Erfahrung schildert, dass „Supervision selbst längst den Sparmaßnahmen ökonomisch orientierter sozialer Einrichtungen" (ebd., 60) unterliegt, wird dies deutlich. Kürzer werdende Prozesse geben Rahmenbedingungen vor, die somit das Maß an schnell gewünschten Konfliktlösungen, die Zeitfenster und die Tiefe von Reflexionen und die Möglichkeit Selbsthilfekompetenzen aufzubauen determinieren (vgl. hierzu z.B. Fritsch 2011, 72f.).

Insgesamt ist festzuhalten, dass die Spannungsfelder zwischen ethischen Fragen und den ökonomischen Entwicklungen Teil der neoliberalen Systemlogik sind und in der Beratung nicht aufgelöst werden können (vgl. Hausinger 2008 zit. in Wilbers 2018, 61). Dies bringt, laut Fritsch (2011), Folgendes mit sich:

> *„In der Supervisorenrolle treffen arbeitsweltliche Realität und professionelles Ideal konfliktreich aufeinander. Die daraus resultierende Identitätsarbeit ist eine bleibende psychosoziale Herausforderung." (ebd., 74)*

Die Aufgabe von Supervision ist es, Räume zum Aufzeigen, Reflektieren und zum Erarbeiten möglicher Umgangsweisen mit den Spannungsfeldern anzubieten. Sie stellt einen Gegenpol zu den Widersprüchlichkeiten der modernen Arbeitswelt dar. Allein durch die Zeit zum Innehalten, den offenen Gesprächsraum zur Entlastung und durch methodische Zugänge zum Eröffnen neuer Sichtweisen und Erfahrungsräume bietet sie eine Durchbrechung des Arbeitsalltags.

Hausinger beschreibt, dass Supervision den Rahmen anbietet für eine gründliche Situationsanalyse, das Erörtern von Optionen und eine Standortbestimmung (vgl. Hausinger 2008 zit. in Wilbers 2018, 60). Supervision bietet „Unterstützung für das Nachdenken, Vordenken, Querdenken, Umdenken, Durchdenken und die jeweiligen damit verbundenen Wertungen und Ansprüche" (Hausinger 2008 zit. ebd). Meines Erachtens bietet Supervision somit, zumindest für den Zeitraum der Sitzung, einen Gegenpol zu den derzeitigen Phänomenen der Erwerbstätigkeit in der Zeitnot und Effizienzdenken vorherrschen. Dabei entstehende Widersprüchlichkeiten sollten anerkannt und gewürdigt werden. Durch die Betrachtung aus der Distanz und mit Hilfe von geleiteten methodischen Interventionen, können sich möglicherweise neue Perspektiven und ggf. Lösungen und Ansätze zum Umgang mit Problemsituationen ergeben.

Als Supervisorin gilt es, auch für mich selbst Umgangsweisen mit der „psychosozialen Herausforderung" (Fritsch 2011, 74) des Spagats zwischen eigenem professionsethischem Selbstverständnis und den arbeitsweltlichen Gegebenheiten zu suchen. Kollegiale Reflexionsräume können hier eine Entlastung bieten. Darüber hinaus trägt das aktive

Führen von Diskursen auf fachlicher und öffentlicher Ebene zur professionsethischen Verortung und Selbstvergewisserung bei.

Die genannten Spannungsfelder sind in der Beratung unauflöslich (vgl. vorletzte These). Sie sind auch für mich als Supervisorin immer spürbar – sei es im Kontakt mit Berufstätigen in der Supervision selbst oder bei den eigenen Akquisebemühungen. Hier gleichzeitig den supervisorischen Aufklärungs- und Emanzipationsethos im Blick zu behalten, bleibt eine stetige Herausforderung.

Zu wissen, dass andere die Beobachtungen und Erfahrungen teilen, kann hilfreich sein bei der Annahme der genannten Herausforderung. Orte des kollegialen Austauschs können für eine Entlastung sorgen. Weigand (2015) beschreibt treffend, dass dies „Selbstvergewisserung und [...] Beheimatung" (ebd., 17) bietet. Reflexionen und Standortbestimmungen in der Supervisionsliteratur helfen ebenfalls zu einer Einordnung der eigenen Erfahrungen. Beispielhaft ist hier Busse (2008), der anhand von Fallvignetten und Analysen der Supervisionsgeschichte und -literatur das Spannungsfeld von Reflexion und Handeln ungeschminkt beleuchtet. Dem offenbar ungebrochenen Glauben „an die durchschlagende Kraft von Reflexion" (ebd., 53) stellt er das Bild von der „Supervision auf unsicherem Boden" (ebd., 60) gegenüber. Entlastend ist seine Feststellung, dass es sicherlich instrumentell-pragmatisches Anpassen in Supervision geben kann, jedoch sei dies nicht immer „methodische[r] Inkompetenz oder gesellschaftspolitische[r] Blauäugigkeit" (ebd., 68) geschuldet, sondern manchmal eben auch schlichtweg den „realen Widersprüche[n] der Arbeitswelt" (ebd.).

Die verschiedenen Beiträge und Positionierungen im Supervisions-Diskurs regen zur Auseinandersetzung und Reflexion der eigenen professionsethischen Verortung an. Ungeachtet der verschiedenen inhaltlichen Nuancen stellen sie sich, aus meiner Sicht, somit in den Dienst der Weiterarbeit an einem „wache[n], kritische[n] gesellschaftliche[n] Bewusstsein" (Weigand 2015, 16). Es gilt als Supervisorin ein solches Bewusstsein auszubilden und die Professions-Entwicklung kritisch-konstruktiv mitzugestalten.

Supervisorinnen sind „wie kaum eine andere Berufsgruppe unmittelbare Zeugen der individuellen Konsequenzen der sozioökonomischen Entwicklungen" (Tölle 2007, 10). Diese Expertise gilt es über fachinterne Auseinandersetzungen hinaus auch in den öffentlichen Diskurs einzuspeisen. Baur (2015) beschreibt wie die DGSv hier einen Beitrag leistet. Beispielsweise wurden Studien veranlasst, in welchen die Beobachtungen aus der Supervison für eine Sondierung der Arbeitswelt genutzt werden, z.B. Haubl/Hausinger/Voß 2009, 2011, 2013. Solcherlei Studien fänden bei „Gewerkschaften, Unternehmen, Krankenkassen sowie [...] Politik" zunehmend Beachtung (vgl. ebd., 203).

In diesen Überlegungen der eigenen aktiven Beteiligung an gesellschaftlichen Diskursen wird für mich eine Verbindung zu Augusto Boals Wirken und seinen Ideen und Visionen deutlich. Ausgehend von seinem Wirkungsfeld – dem Theater – hat er sich unermüdlich für eine gesellschaftspolitische Verantwortungsübernahme und für eine menschlichere Welt eingesetzt.

Zweierlei Aspekte möchte ich zu guter Letzt noch nennen, in denen der Gegenstandsbereich der Supervision durch die Auseinandersetzung mit Boal und dem TdU eine Akzentuierung erfährt.

Die Arbeit mit dem TdU basiert auf dem Glauben an die Einflussmöglichkeit des Subjekts und setzt auf die Wirkung von kollektiven Erfahrungen. Diese Momente sind auch für die Supervision bedeutsam.

Die Überzeugung Boals ist, dass Veränderungen vom Individuum ausgehen. Seine Überzeugung der politischen Einflussnahme zieht er aus der eigenen Arbeit und den damit erzielten Erfolgen (vgl. Neuroth 1994, 117). Der Glaube an das Subjekt ist zentral für das TdU:

> *„Maybe doubting the usefullness of the Theatre of the Oppressed is a displacement of the question: 'What use am I, one helpless individual, in the belly of the beast?'" (Schutzmann 1990 zit. in ebd.).*

Auch in der Supervision ist es das Ziel, das Subjekt zu stärken, ggf. wieder oder besser handlungsfähig zu machen und seine Selbsthilfekompetenzen zu aktivieren. Der Glaube an das Subjekt ist letztlich Voraussetzung für ein auf (Weiter-)Entwicklung angelegtes Format. Um hierbei zu vermeiden, dass beispielsweise die ausschließliche Ressourcenstärkung beim Individuum Aspekte des System-Kontextes und Konflikte außer Acht lässt oder einer reinen instrumentell-pragmatischen Zielsetzung dient, ist es die Aufgabe von emanzipatorischer Supervision, gleichermaßen ethische und gemeinwohlorientierte Dimensionen einzuführen und im Blick zu behalten.

Eine Stärke der Arbeit mit dem TdU ist für mich, die partizipative Arbeitsweise und seine Suche nach den kollektiven Erfahrungen, die über das individuelle Erleben hinausgehen. Auch in der Supervision kommen solche Momente zum Tragen. Zunächst einmal ist es bereits entlastend, auf das Verständnis und die Anteilnahme von Seiten der Supervisorin und ggf. anderen Gruppenteilnehmerinnen zu stoßen. In sog. Sharing-Runden spiegelt sich wider, dass individuelle Situationen auch bei anderen auf Resonanz treffen können, was bestärkend für die Einzelnen und das Gemeinschaftsgefühl sein kann. Des Weiteren geht es häufig in den Zielsetzungen der Supervisionsprozesse um Förderung von Kooperation und Team-Entwicklungsmaßnahmen.

Nach Daser (2011) ist Kollegialität ein wichtiger Faktor für Stabilität und Kontinuität in Organisationen (vgl. ebd., 38). Er gerät jedoch durch sich verändernde Rahmenbedingungen unter Druck, wie z.B. „Aushöhlung professioneller Standards, Personalabbau, der den ohnehin vorhandenen Leistungsdruck erhöht, schrumpfende finanzielle Budgets und eine Leitung, die immer weniger geeignet scheint, die Erwartungen der Beschäftigten zu erfüllen" (ebd., 39). Solcherlei Realität mag den Bedarf nach gemeinsamer Positionierung erhöhen, Wilbers (2018) zeigt sich hier jedoch pessimistisch. Sie beruft sich auf Forschungsergebnisse von Haubl/Fuchs 2013 (zit. ebd., 81), wonach sich Arbeitnehmerinnen eher mit überfordernden Arbeitsbedingungen arrangieren, als sich gegen diese zu solidarisieren. Kritisch konstatiert sie, dass „die Vereinnahmung der Menschen durch das Steigerungssystem zu weit fortgeschritten [ist], als dass politisch orientierte Solidarität eine reelle Perspektive sein könnte" (ebd.).

Hier inspiriert das Beispiel Boals nicht zu verzagen und solcherlei Entwicklungen zum Trotz an dem Glauben an das Subjekt und Veränderungsmöglichkeiten – somit auch in und durch Supervision – festzuhalten.

Wenn ein Team im Rahmen von Supervision z.B. die ständige Erreichbarkeit per Diensthandy reguliert und Zeitbeschränkungen beschließt oder die Überstundenkultur hinterfragt und hierfür klare Kriterien erstellt, sind dies erste Veränderungsschritte. Die ständige Steigerungskultur wird nicht automatisch übernommen und – zumindest auf Teamebene – eine eigene (Gegen-)Kultur entwickelt und gepflegt. Wo, wenn nicht in der Supervision, könnte für solcherlei Überlegungen der Ort sein?

Die Arbeit mit theatralen Methoden bietet durch die Etablierung einer künstlerischen und spielerischen Sphäre die Chance zur Erfahrung von verwertungsfreien Räumen. In ihren Möglichkeiten zur Resonanzförderung (im Sinne Hartmut Rosas, vgl. Wilbers 2018) lässt sich eine übergeordnete Verbindung der Ansätze von Boal und von Supervision ziehen.

Die Methode des Theaters und insbesondere Boals dialogischer Ansatz verstärken die Etablierung von neuen Erfahrungsräumen, die im Gegensatz stehen zum effizienzorientierten Funktionieren und Optimieren in der Arbeitswelt. Auch im Rahmen von Erwerbstätigkeit findet keine vollständige Instrumentalisierung von Faktoren, wie Begeisterung, Leidenschaft und Engagement, statt, selbst wenn diese Erfahrungsräume sich im Rahmen der Spätmoderne stetig verringern (vgl. Rosa 2016 zit. in Wilbers 2018, 55). Wilbers (2018) arbeitet in ihrer Masterarbeit heraus, wie Hartmut Rosas Überlegungen zu einer „Resonierenden Weltbeziehung als Antwort auf Beschleunigung und Entfremdung in der Spätmoderne" als Inspirationsquelle für die Supervision ausgedeutet werden können (vgl. ebd.). Rosas Gedankengut unterscheidet sich von älteren kritischen Theorien, indem es Resonanz als unverfügbares Weltverhältnis versteht und sie als Gegenentwurf zur Entfremdung des Menschen beschreibt (vgl. ebd., 23).

> *„Resonanz lässt sich […] nicht restlos kommodifizieren und verdinglichen, so wenig wie sie sich verfügbar machen lässt; sie enthält stets ein überschießendes Moment, welches unter oder hinter stummen Weltbeziehungen Lebendigkeit aufscheinen lässt." (Rosa 2018 , 626)*

Wilbers (2018) beschreibt am Ende ihrer Ausarbeitung, dass Rosas Überlegungen eine Anregung für ihr Supervisionskonzept darstellen und sie die Betonung von „'Resonanz' als Beziehungsqualität" als „erfrischend und stärkend" erlebt (vgl. ebd., 105f.). Ergänzend fügt die Autorin die neurobiologische Sichtweise Gerald Hüthers an. Dessen zentrale Annahme von der „Macht der inneren Bilder" führt ihn zu der These als Gegenentwurf zu den derzeitigen weltweiten Herausforderungen,

> *„attraktive Visionen zu schaffen, ein sich global verbreitendes und im Gehirn aller Menschen verankertes inneres Bild zu erzeugen. Ein Bild, das zum Ausdruck bringt, worauf es im Leben, im Zusammenleben und bei der Gestaltung der Beziehungen zur äußeren Welt wirklich ankommt: auf Vertrauen, auf wechselseitige Anerkennung und Wertschät-*

> *zung, auf das Gefühl und das Wissen aufeinander angewiesen, voneinander abhängig und füreinander verantwortlich zu sein." (Hüther 2015 zit. in Wilbers 2018, 106)*

Augusto Boal steckte mit seinem Wirken und seinen Ideen viele Menschen an und motivierte sie zum Einsatz für eine solche menschlichere Welt. Wie hier herausgearbeitet wurde, inspiriert er, auch für den Kontext der Supervision, zu einer Schärfung des emanzipatorischen Bewusstseins. Theater und seine Nutzung als supervisorische Intervention laden ein, zu experimentieren und sich – im Sinne von Hüthers machtvollen inneren Bildern – Möglichkeitsräume zu erschließen.

6. LITERATURVERZEICHNIS

Austermann, Frank (2019): *Zu den demokratischen, emanzipatorischen und internationalen Wurzeln der Profession Supervision am Beispiel von Cora Baltussens Beratungsverständnis.* In Forum Supervision. Onlinezeitschrift für Beratungswissenschaft und Supervision. Jg. 27, H. 52, 6-16

Bala, Sruti / Leucht, Christoph / Reich, Hannah (2004): *Handeln in der Fremde, entfremdetes Handeln – Reflexion der Berliner Forumtheatergruppe RAAbenschwarz.* In Helmut Wiegand (Hrsg.): *Theater im Dialog: heiter, aufmüpfig und demokratisch. Deutsche und europäische Anwendungen des Theaters der Unterdrückten.* (207-220). Stuttgart: ibidem

Barthelmess, Manuel (2016): *Die systemische Haltung. Was systemisches Arbeiten im Kern ausmacht.* Göttingen: Vandenhoeck & Ruprecht

Baumann, Till (2018): *Einleitende Bemerkung des Herausgebers.* In Augusto Boal: *Übungen und Spiele für Schauspieler und Nicht-Schauspieler.* (3. Aufl.). (7-12). Berlin: Suhrkamp

Baur, Jörg (2015): *Spätmoderne Selbstoptimierungskultur und ihre Bedeutung für die Supervision. Eine Mehrebenenperspektive.* In ders./ Berker, Peter / Margret, Nemann (Hrsg.): *Supervision in der Beobachtung. Forschungs- und praxisbezogene Perspektiven.* Schriften der KatHo NRW, Bd. 22. (187-208). Opladen / Berlin / Toronto: Barbara Budrich

Belardi, Nando (2013): *Supervision. Grundlagen, Techniken, Perspektiven.* (4. aktualisierte Aufl.). München: C.H. Beck

Belardi, Nando (1996): *Supervision. Eine Einführung für soziale Berufe.* Freiburg: Lambertus

Belardi, Nando (1992): *Supervision. Von der Praxisberatung zur Organisationsentwicklung.* Paderborn: Junfermann

Bergknapp, Andreas (2016): *Systemische Haltung zwischen Theorie und Praxis.* In Systema 1/2016, 5-19

Boal, Augusto (2018): *Übungen und Spiele für Schauspieler und Nicht-Schauspieler.* (3. Aufl.). Berlin: Suhrkamp

Boal, Augusto (2016): *Theater der Unterdrückten.* (7. Aufl.) Frankfurt a.M.: Suhrkamp

Boal, Augusto (2006): *Der Regenbogen der Wünsche. Methoden aus Theater und Therapie.* Lingener Beiträge zur Theaterpädagogik, Bd. 3. Berlin / Milow / Strasburg: Schibri

Brook, Peter (1983): Der leere Raum. Berlin: Alexander Verlag

Buer, Ferdinand (2001): *Praxis der Psychodramatischen Supervision. Ein Handbuch.* Opladen: Leske & Budrich

Buer, Ferdinand (2000): *Profession oder Organisation? Wem dient die Supervision.* In Harald Pühl (Hrsg.): *Supervision und Organisationsentwicklung.* (2. Aufl.). (70-103). Opladen: Leske & Budrich

Busse, Stefan (2008): *Supervision – über die Verhältnisse reflektieren und in ihnen handeln.* In Forum Kritische Psychologie, Jg. 2008, H. 52, 52-70

Büren, Paul (2019): *Die Q-Frage. Welche Haltung nimmt die DGSv zum Thema Qualität ein? Und wie ist diese Haltung in Qualitätsverfahren umsetzbar?* In Journal Supervision, 2019/4, 26-28

Clausen, Jens (2018): *Fiktion und Realität – Der Umgang mit Klischees und stereotypen Denken am Beispiel der Arbeit des Legislativen Theaters Berlin.* In Harald Hahn (Hrsg.): *Theater der Unterdückten als Mosaikstück gesellschaftlichen Wandels. Einblicke, Ansichten und Projekte.* Berliner Schriften zum Theater der Unterdrückten, Bd. 9. (105-118). Stuttgart: ibidem

Daser, Bettina (2011): *Kollegialität.* In Rolf Haubl / G. Günter Voß (Hrsg.): *Riskante Arbeitswelt im Spiegel der Supervision. Eine Studie zu den psychosozialen Auswirkungen spätmoderner Erwerbsarbeit.* Kölner Reihe – Materialien zu Supervision und Beratung. Herausgegeben von der DGSv, Bd. 1. (38-45). Göttingen: Vandenhoeck & Ruprecht

Diamond, David (2013): *Theater zum Leben. Über die Kunst und die Wissenschaft des Dialogs in Gemeinwesen.* Stuttgart: ibidem

Deutsche Gesellschaft für Supervision und Coaching e.V. (DGSv) (2018): *„Wesentlich ist, dass zukünftig die Orientierung an der Praxis der Supervision den Ton angibt." - Eine Debatte über die strategische Ausrichtung der DGSv: über Moral und Markt, Beruf und Profession, Alt und Jung.* In Journal Supervision. 2018/4, 12-17

Deutsche Gesellschaft für Supervision und Coaching e.V. (DGSv) (2013): *Standards 2013 für die Qualifizierung zur/zum Supervisor/In in der Deutschen Gesellschaft für Supervision und Coaching e.V.* Veröffentlicht im Internet: URL https://www.dgsv.de/wp-content/uploads/2018/04/DGSv_Standards_2013_web.pdf (Stand: 16.12.2018)

Deutsche Gesellschaft für Supervision und Coaching e.V. (DGSv) (2003): *Ethische Leitlinien.* Veröffentlicht im Internet: URL https://www.dgsv.de/wp-content/uploads/2017/08/DGSv_Ethische-Leitlinien_2017_09_22.pdf (Stand: 16.12.2018)

Ebbecke-Nohlen (2015): *Einführung in die systemische Supervision.* (3. Aufl.). Heidelberg: Carl-Auer – Systeme Verlag

Ebbers, Linda (2014): *Darstellende Kunst und zivile Konfliktbearbeitung. Das Theater der Unterdrückten als kreative Methode der Konflikttransformation.* Berliner Schriften des Theaters der Unterdrückten, Bd. 7. Stuttgart: ibidem

Erlinghagen, Robert (2016): *Supervision und Coaching als Krisensymptome: Wie machen wir uns endlich überflüssig?* In Positionen 2016/3. Kassel: Kassel university press

Feldhendler (1993): *Augusto Boal und Jakob Levy Moreno: Theater und Therapie.* In Bernd Ruping (Hrsg.): *Gebraucht das Theater. Die Vorschläge Augusto Boals. Erfahrungen, Varianten, Kritik.* (299-309). Münster / Hamburg: Lit

Feldhendler (1992): *Psychodrama und Theater der Unterdrückten.* Frankfurt a. M.: Nold-Verlag

Flume, Peter / Hirschfeld, Karin / Hoffmann, Christian (Hrsg.) (2001): *Unternehmenstheater in der Praxis. Veränderungsprozesse mit Theater gestalten – Ein Sachroman.* Wiesbaden: Gabler

Freire, Paulo (1973): *Pädagogik der Unterdrückten. Bildung als Praxis der Freiheit.* Reinbeck bei Hamburg: Rowohlt

Fritsch, Julian (2011): *Supervision 2008: Schlaglichter auf Veränderungen in der Profession.* In Rolf Haubl / G. Günter Voß: *Riskante Arbeitswelt im Spiegel der Supervision. Eine Studie zu den psychosozialen Auswirkungen spätmoderner Erwerbsarbeit.* Kölner Reihe – Materialien zu Supervision und Beratung. Herausgegeben von der DGSv, Bd. 1. (68-74). Göttingen: Vandenhoeck & Ruprecht

Fritz, Birgit (2013): *Von Revolution zu Autopoiese. Auf den Spuren Augusto Boals ins 21. Jahrhundert. Das Theater der Unterdrückten im Kontext von Friedensarbeit und einer Ästhetik der Wahrnehmung.* Berliner Schriften zum Theater der Unterdrückten, Bd. 6. Stuttgart: ibidem

Frey, Barbara (1991): *Wie weit reicht unser Atem? Ein Blick in die Rezeptionsweisen und Praxisfelder des Theater der Unterdrückten in Europa.* In Bernd Ruping (Hrsg.): Gebraucht das Theater. Die Vorschläge Augusto Boals. Erfahrungen, Varianten, Kritik. (2. Aufl.). (240-250). Münster / Hamburg: Lit Verlag

Funcke, Amelie / Havermann-Feye, Maria (2004): Training mit Theater: Von der Einzelszene bis zum Unternehmenstheater. Theaterelemente erfolgreich ins Training bringen. Bonn: ManagerSeminare Verlag

Gipser, Dietlinde (2004): *Lachen gegen Macht? Gedanken zur Funktion des Lachens im szenischen Spiel.* In Helmut Wiegand (Hrsg.): *Theater im Dialog: heiter, aufmüpfig und demokratisch. Deutsche und europäische Anwendungen des Theaters der Unterdrückten.* (19-22). Stuttgart: ibidem

Gipser, Dietlinde (1991): *Grenzüberschreitungen: wühlen, wählen, wagen. Elf Jahre Erfahrungen mit dem Theater der Unterdrückten in verschiedenen Arbeitsfeldern.* In Bernd Ruping (Hrsg.): *Gebraucht das Theater. Die Vorschläge Augusto Boals. Erfahrungen, Varianten, Kritik.* (2. Aufl.). (134-150). Münster / Hamburg: Lit Verlag

Glasl, Friedrich / Weeks, Dudley (2008): *Die Kernkompetenzen für Mediation und Konfliktmanagement. Ein Praxisbuch mit Fallbeispielen auf DVD.* Stuttgart: Concadora

Gorius, Maria / Wilckens-von Hein, Friderike (2004): *Von Rassismus zu interkulturellem Dialog – Die Forumtheatergruppe Kannadi am Allerweltshaus in Köln.* In Helmut Wiegand (Hrsg.): *Theater im Dialog: heiter, aufmüpfig und demokratisch. Deutsche und europäische Anwendungen des Theaters der Unterdrückten.* (184-206). Stuttgart: ibidem

Hagleitner, Silvia (1996): *Mit Lust an der Welt – in Sorge um sie: feministisch-politische Bildungsarbeit nach Paulo Freire und Ruth C. Cohn.* Mainz: Matthias-Grünewald-Verlag

Hahn, Harald (2018): *Theater der Unterdrückten zwischen Religion und Neoliberalismus – Gedanken, Ansichten und Polemik eines Ketzers.* In ders. (Hrsg.): *Theater der Unterdrückten als Mosaikstück gesellschaftlichen Wandels. Einblicke, Ansichten und Projekte.* Berliner Schriften zum Theater der Unterdrückten, Bd. 9. (93-103). Stuttgart: ibidem

Hahn, Harald (2013): *Luhmann meets Boal.* In David Diamond: *Theater zum Leben. Über die Kunst und die Wissenschaft des Dialogs in Gemeinwesen.* (25-26). Stuttgart: ibidem

Hahn, Harald (2004): *Arbeit mit gedrucktem Papier: Die „Zeitungsredaktion" – Ein Mitmachtheater mit Statuenbildern und Augusto Boals „Zeitungstheater".* In Helmut Wiegand (Hrsg.): *Theater im Dialog: heiter, aufmüpfig und demokratisch. Deutsche und europäische Anwendungen des Theaters der Unterdrückten.* (305-312). Stuttgart: ibidem

Haug, Thomas (2005): *Das spielt (k)eine Rolle! Theater der Befreiung nach Augusto Boal als Empowerment Werkzeug im Kontext von Selbsthilfe.* Berliner Schriften des Theaters der Unterdrückten, Bd. 2. Stuttgart: ibidem

Hausinger, Brigitte (2002): *Ökonomie und Arbeit. Der Kontext von Supervision.* Inaugural-Dissertation, Universität Gesamthochschule Kassel. Veröffentlicht im Internet: URL: https://kobra.uni-kassel.de/bitstream/handle/123456789/663/dis2729_04.pdf;jsessionid=67619D75AFBA21DC90333A6E864C2395?sequence=1 (Stand: 18.12.2018)

Haye, Britta / Kleve, Heiko (1998): *Reframing in der systemischen Supervision. Ein Beispiel für praktizierten (De-)Konstruktivismus.* In Heinz Kersting / Heidi Neumann-Wirsig (Hrsg.): *Supervision in der Postmoderne. Systemische Ideen und Interventionen in der Supervision und Organisationsberatung.* (79-108). Aachen: Wissenschaftlicher Verlag des Instituts für Beratung und Supervision (IBS)

Heindl, Andreas (2012): *Theatrale Interventionen. Von der mittelalterlichen Konfliktregelung zur zeitgenössischen Aufstellungs- und Theaterarbeit in Organisationen.* Heidelberg: Carl-Auer Verlag

Heppekausen, Jutta (2016): *Szenisches Arbeiten am szenischen Verstehen. Nicht bewusste Handlungsgründe und gesellschaftliche Zusammenhänge.* In Supervision 2015/4 -2016/1. (107-117). Veröffentlicht im Internet: URL https://azfreiburg.de/sites/azfreiburg/IMG/pdf/supervisions_aufssupervision_aufsatz-heppekausen.pdf (Stand: 01.09.2018)

Hercher, Heike (2003): *Grundlagen systemischer Supervision.* In dies. / Heinz J. Kersting (Hrsg.): *Systemische Supervision im Gespräch: Entwicklungen und Konzepte im deutschen Sprachraum.* Schriften zur Supervision, Bd. 13. Aachen: IBS

Herzog, Sybille (1997): *Augusto Boals Zentrum des Theaters der Unterdrückten in Paris: Theaterarbeit in der Erwachsenenbildung.* Münster: Lit-Verlag

Howe, Kelly (2008): *Theatre for Living: The Art and Science of Community Based Dialogue (review).* In Theatre Topics. Volume 18., No. 1, p. 93, Johns Hopkins University Press. Veröffentlicht im Internet: https://muse.jhu.edu/article/243960/summary (Stand: 10.09.2018)

Huppertz, Norbert (1975): *Supervision. Analyse eines problematischen Kapitels der Sozialarbeit.* Neuwied / Darmstadt: Luchtermann

Hüttler, Michael (2005): *Unternehmenstheater – Vom Theater der Unterdrückten zum Theater der Unternehmer? Eine theaterwissenschaftliche Betrachtung.* Stuttgart: ibidem

IBS – Institut für Beratung und Supervision Aachen (2001): *Das Konzept der systemischen Supervisionsausbildung.* In Heinz J. Kersting (Hrsg.): *Supervision und Qualität. Das Aachener Modell der Supervisionsausbildung.* Schriften zur Supervision. Bd. 10. (105-170). Aachen: Wissenschaftlicher Verlag des Instituts für Beratung und Supervision (IBS)

Jürgens, Martin (1993): Theater als Probehandeln oder Düpierungspraxis? Notizen zur Theaterarbeit und zur Kritik des Konzeptes von Augusto Boal. In Bernd Ruping (Hrsg.): *Gebraucht das Theater. Die Vorschläge Augusto Boals. Erfahrungen, Varianten, Kritik.* (260-269). Münster / Hamburg: Lit-Verlag

Kersting, Heinz J. (1998): *Im Antlitz des Anderen. Die Ethik der Verantwortung nach Emmanuel Lévinas.* In ders. / Heidi Neumann-Wirsig (Hrsg.): *Supervision in der Postmoderne. Systemische Ideen und Interventionen in der Supervision und Organisationsberatung.* (49-74). Aachen: Wissenschaftlicher Verlag des Instituts für Beratung und Supervision (IBS)

Klassen, Michael (2001): *Systemtheorie als wissenschaftlicher Bezugsrahmen für eine Handlungstheorie Sozialer Arbeit.* Marburg: Tectum

Klehn, Lars (2015): *„Darf ich das?"- Die Freiheit des Supervisors zwischen Methodenpluralismus und Prozessverantwortung. Eine berufsethische Orientierung.* In Transformationen. Pastoralpsychologische Werkstattberichte. 2015/22, 31-89

Kleve, Heiko (2018): Aufstellung der Körper als systemisches Arbeiten im Raum. In Supervision 3/2018, 30-34

Kleve, Heiko (2007): Postmoderne Sozialarbeit. Ein systemtheoretisch-konstruktivistischer Beitrag zur Sozialarbeitswissenschaft. (2. Aufl.). Wiesbaden: VS Verlag für Sozialwissenschaften

Kleve, Heiko (1999): *Konstruktivismus als praktische Theorie Sozialer Arbeit. Versuch einer Präzisierung postmoderner Theorie- und Ethikgrundlagen für Disziplin und Profession.* In Rundbrief Gilde Soziale Arbeit , Jg. 1999, H. 1, 2-17

Krall, Hannes (2008): *Psychodrama und Soziometrie in Supervision und Coaching – Anknüpfungspunkte in der qualitativen Sozialforschung.* In Hannes Krall/ Erika Mikula / Wolfgang Jansche (Hrsg.): *Supervision und Coaching. Praxisforschung und Beratung im Sozial- und Bildungsbereich.* (251-268). Wiesbaden: VS, Verlag für Sozialwissenschaften

Krapohl, Lothar (2008): *Systemisch-konstruktivische Supervision – Supervision in einer veränderten Zukunft.* In ders. / Margret Nemann / Jörg Baur / Peter Berker (Hrsg.): *Supervision in Bewegung. Ansichten – Aussichten.* (159-182). Opladen / Farmington Hills: Barbara Budrich Verlag

Kühl, Stefan (2018): *Arbeit. Marxistische und systemtheoretische Zugänge.* Wiesbaden: Springer VS

Langmaack, Barbara / Braune-Krickau, Michael (2000): *Wie die Gruppe laufen lernt. Anregungen zum Planen und Leiten von Gruppen. Ein praktisches Lehrbuch.* (7. überarb. Aufl.). Weinheim: Beltz-PVU

Langmaack, Barbara (1991): *Themenzentrierte Interaktion. Einführende Texte rund ums Dreieck.* Weinheim: Psychologie-Verlags-Union

Letsch, Fritz / Balby, Vivi (1999): *Wie alles anfing.* In Simone Odierna / Fritz Letsch: *Theater macht Politik. Die Methoden des „Theaters der Unterdrückten" in der Bildungsarbeit.* Gauting: Institut für Jugendarbeit

Letsch, Fritz (1991): *Bewusstseinsbildung in der Theaterarbeit.* In Joachim Dabisch / Heinz Schulze (Hrsg.): *Befreiung und Menschlichkeit. Texte zu Paulo Freire.* (175-180) München: AG SPAK-Publikationen

Malunat, Anna (2018): *Wie frei arbeiten Künstler/innen. Ein gedehnter Blick ins Theater.* In Journal Supervision 2018/3, 10-13

Matthiae, Gisela (2013): *Wo der Glaube ist, da ist auch Lachen. Mit Clownerie zur Glaubensfreude.* Freiburg im Breisgau: Kreuzverlag

Matthijssen, Ronald (2004): *Vom Rand in die Mitte der Gesellschaft – Theater der Unterdrückten in den Niederlanden.* In Helmut Wiegand (Hrsg.): Theater im Dialog: heiter, aufmüpfig und demokratisch. Deutsche und europäische Anwendungen des Theaters der Unterdrückten. (70-97). Stuttgart: ibidem

Nelhiebel, Walter (2010): *Globe.* In Mina Schneider-Landolf / Jochen Spielmann / Walter Zitterbarth: *Handbuch Themenezentrierte Interaktion (TZI).* (2. Aufl.)(134-140). Göttingen: Vandenhoeck & Ruprecht

Neuroth, Simone (1994): *Augusto Boals „Theater der Unterdrückten" in der pädagogischen Praxis.* Weinheim: Deutscher Studien Verlag

Off-Theater NRW (2019): *Kursflyer zur Fortbildung „Das Theater Augusto Boals".* Veröffentlicht im Internet. URL: https://www.off-theater.de/images/flyer/kursflyer_das_theater_augusto_boals_kurs_02.pdf (Stand 02.01.2019)

Petzold, Hilarion G. / Leitner, Anton / Orth, Susanne / Sieper, Johanna / Telsemeyer, Petra (2004): *Mythos Supervision? Zur Notwendigkeit von „konzeptkritischen" Untersuchungen im Hell- und Dunkelfeld zu Wirkungen, Nebenwirkungen, Risiken und Rechtsverletzungen in der supervisorischen Praxis.* In Supervision. Theorie – Praxis – Forschung. Eine interdisziplinäre Internet-Zeitschrift. Veröffentlicht im Internet: URL https://www.fpi-publikation.de/images/stories/downloads/supervision/petzold-leitner-orth-sieper-telsemeyer-mythos_supervision-supervision-02-2004.pdf. (Stand: 12.12.2018)

Piepel, Arnold (1991): *Einblicke in den Konsum einer Befreiungskultur und ein Ausblick auf den angemessenen Einsatz des Theaters der Unterdrückten.* In Bernd Ruping (Hrsg.): *Gebraucht das Theater. Die Vorschläge Augusto Boals. Erfahrungen, Varianten, Kritik.* (2. Aufl.)(280-283). Münster / Hamburg: Lit-Verlag

Pühl, Harald (2000): *Moderne Team-Supervision.* In ders. (Hrsg.): *Supervision und Organisationsentwicklung.* (2. Aufl.)(123-144). Opladen: Leske und Budrich

Pühl, Harald (2010): *Konflikt-Klärung in Teams und Organisationen.* Berlin: Leutner

Pühl, Harald (1998): *Team-Supervision. Von der Subversion zur Institutionsanalyse.* Göttingen: Vandenhoeck & Ruprecht

Pühl, Harald / Schmidbauer, Wolfgang (Hrsg.) (1986a): *Supervision und Psychoanalyse. Plädoyer für eine emanzipatorische Reflexion in den helfenden Berufen.* München: Kösel

Pühl, Harald / Schmidbauer, Wolfgang (1986b): Helfen als Beruf, Entfremdung und Supervision. In dieselben (Hrsg.): *Supervision und Psychoanalyse. Plädoyer für eine emanzipatorische Reflexion in den helfenden Berufen.* (7-21). München: Kösel

Rappe-Giesecke, Kornelia (2009): *Supervision für Gruppen und Teams.* (4. Aufl.). Heidelberg: Springer Medizin Verlag

Rappe-Giesecke, Kornelia (2002a): *Die konzeptionelle Entwicklung der Supervision in den letzten zwanzig Jahren.* In Zeitschrift Supervision, Jg. 2002, H. 20, 55-65

Rappe-Giesecke, Kornelia (2002b): *Supervision. Veränderung durch soziale Selbstreflexion.* In Gerhard Fatzer / Kornelia Rappe-Giesecke / Wolfgang Loos: *Qualität und Leistung von Beratung. Supervision, Coaching, Organisationsentwicklung.* (2. Aufl.) (27-99). Bergisch Gladbach: Ed. Humanistische Psychologie

Rohr, Dirk (2016): *Eine kleine Theorie-Einführung in Systemische und Humanistische Ansätze am Beispiel des Inneren Teams.* Weinheim / Basel: Beltz Juventa

Rosa, Hartmut (2018) (3. Aufl.): *Resonanz. Eine Soziologie der Weltbeziehung.* Berlin: Suhrkamp

Ruping, Bernd (1991a) (Hrsg.): *Gebraucht das Theater. Die Vorschläge Augusto Boals. Erfahrungen, Varianten, Kritik.* (2. Aufl.). Münster / Hamburg: Lit-Verlag

Ruping, Bernd (1991b): *Tango, Sprünge und Theater – 15 Anläufe zum Vorwort.* In ders. (Hrsg.): *Gebraucht das Theater. Die Vorschläge Augusto Boals. Erfahrungen, Varianten, Kritik.* (2. Aufl.), (10-30). Münster / Hamburg: Lit-Verlag

Santos, Barbara (2004): *Theater der Unterdrückten: mein Reisepass nach Europa.* In Helmut Wiegand (Hrsg.): *Theater im Dialog: heiter, aufmüpfig und demokratisch. Deutsche und europäische Anwendungen des Theaters der Unterdrückten.* (168-183). Stuttgart: ibidem

Schibli, Silvia /Supersaxo, Katja (2009): *Einführung in die Supervision.* Bern / Stuttgart / Wien: UTB

Schmidt, Gunther (2016): *Einführung in die hypnosystemische Therapie und Beratung.* (7. Aufl.) Heidelberg: Carl-Auer-Systeme Verlag

Schmidt, Gunther (2011): *Berater als „Realitätenkellner" und Beratung als koevolutionäres Konstruktionsritual für zieldienliche Netzwerkaktivierungen – Einige hypnosystemische Implikationen.* In Werner A. Leeb / Bernhard

Trenkle / Martin F. Weckenmann (Hrsg.): Der Realitätenkellner. Hypnosystemische Konzepte in Beratung, Coaching und Supervision. (18-35). Heidelberg: Carl-Auer-Systeme Verlag

Schreyögg, Astrid (2010): *Supervision. Ein integratives Modell.* (5. Aufl.). Wiesbaden: VS, Verlag für Sozialwesen

Schreyögg, Georg (2016): *Unternehmenstheater als Spiegel. Zur Bedeutung von Beobachtung 2. Ordnung.* In Falko von Ameln / Josef Kramer: *Organisation in Bewegung bringen. Handlungsorientierte Methoden für die Personal-, Team- und Organisationsentwicklung.* (2. überarb. Aufl.) (231-234). Berlin/ Heidelberg: Springer

Schinzilarz, Cornelia / Friedli, Charlotte (2013): *Humor in Coaching, Beratung und Training.* Weinheim / Basel: Beltz

Singer, Wolf (2010): *Wahrnehmen, Erinnern, Vergessen - Über Nutzen und Vorteil der Hirnforschung für den Umgang mit der Geschichte.* In Pastoraltheologie. Bd. 99. Nr. 9. (330-342). Vadenhoek & Ruprecht, eLibrary

Sparrer, Insa (2014): *Wunder, Lösung und System. Lösungsfokussierte Systememische Strukturaufstellungen für Therapie und Organisationsberatung.* (6. akt. Auflage). Heidelberg: Carl-Auer-Systeme Verlag

Sprute, Christian (2000): *Das Interventionspotential des Unternehmenstheater [sic!] in der Organisationsberatung.* Diplomarbeit an der Universität Lüneburg

Staffler, Armin (2013): *Danksagung und Vorwort des Übersetzers.* In David Diamond: *Theater zum Leben. Über die Kunst und die Wissenschaft des Dialogs in Gemeinwesen.* (20-24). Stuttgart: ibidem

Staffler, Armin (2009): *Augusto Boal. Einführung.* Essen: Oldib

Zeitschrift Supervision. Mensch, Arbeit, Organisation. Zeitschrift für Beraterinnen und Berater (2018/3): *Verkörperte Beratung. Embodiment und Supervision.* Gießen: Psychosozial Verlag

Thonhauser, Michael (1999): *Systemische Strukturaufstellungen und Forumtheater.* In Michael Wrentschur / ARGE Forumtheater Österreich (Hrsg.): *Forumtheater in Österreich. Praxis. Projekte. Gruppen.* (74-79). Wien. Eigen-Verlag

Thorau, Henry (2003): *Theater der Unterdrückten.* In Gerd Koch / Marianne Streisand (Hrsg.): *Wörterbuch der Theaterpädagogik.* (314-316). Milow: Schibri

Thorau, Henry (1993): *Lokaltermin: „Unsichtbares Theater". Anmerkungen zu einer umstrittenen Methode Boals.* In Bernd Ruping (Hrsg.): *Gebraucht das Theater. Die Vorschläge Augusto Boals. Erfahrungen, Varianten, Kritik.* (270-274). Münster / Hamburg: Lit-Verlag

Tölle, Ursula (2007): *Werden oder machen? Zur politischen Dimension von Supervision.* In Forum Supervision, Jg. 2007, H. 29. Veröffentlicht im Internet: URL https://www.supervision-toelle.de/publikationen/werden-oder-machen/ (Stand: 15.02.2019)

Varga von Kibéd, Matthias / Sparrer, Insa (2016): *Ganz im Gegenteil. Tetralemmaarbeit und andere Grundformen Systemischer Strukturaufstellungen – für Querdenker und solche, die es werden wollen.* (9. Aufl.). Heidelberg: Carl-Auer-Systeme Verlag

Vogtmann, Anne (2010): *Augusto Boals Theater der Unterdrückten: revoultionäre Ideen und deren Umsetzung. Ein Überblick.* In Helikon. A Multidisciplinary Online Journal, 2010/ 1, 23-34

von Foerster, Heinz (1993): Mit den Augen des anderen. In ders.: *Wissen und Gewissen. Versuch einer Brücke.* (350-363). Frankfurt am Main: Suhrkamp

von Kaldenkerken, Carla (2018a): *Editoral.* In Supervision. Mensch, Arbeit, Organisation. Zeitschrift für Beraterinnen und Berater. 2018/3, 2-3

von Kaldenkerken, Carla (2018b): *Embodiment und Supervision. Überblick, Ansätze und Relevanz für Supervision.* In Supervision. Mensch, Arbeit, Organisation. Zeitschrift für Beraterinnen und Berater. 2018/3, 4-11

von Schlippe, Arist / Schweitzer, Jochen (2016): *Lehrbuch der systemischen Therapie und Beratung. Das Grundlagenwissen.* (3. Aufl.). Göttingen: Vandenhoeck & Ruprecht

Voß, G. Günter (2011): *Strukturwandel der Arbeit.* In Rolf Haubl / G. Günter Voß: *Riskante Arbeitswelt im Spiegel der Supervision. Eine Studie zu den psychosozialen Auswirkungen spätmoderner Erwerbsarbeit.* Kölner Reihe – Materialien zu Supervision und Beratung. Herausgegeben von der DGSv, Bd. 1. (51-56). Göttingen: Vandenhoeck & Ruprecht

Weigand, Wolfgang (2015): *Über ein waches, kritisches gesellschaftliches Bewusstsein.* In Deutsche Gesellschaft für Supervision e.V (DGSv): Journal Supervision. 2015/3, 16-17

Weintz, Jürgen (2006): *Vorwort.* In Augusto Boal: *Der Regenbogen der Wünsche. Methoden aus Theater und Therapie.* Lingener Beiträge zur Theaterpädagogik, Bd. 3. (9-17). Berlin / Milow / Strasburg: Schibri

Weintz, Jürgen (2004): *Augusto Boals erweitertes Theaterkonzept: Die prospektiven und introspektiven Techniken.* In Helmut Wiegand (Hrsg.): *Theater im Dialog: heiter, aufmüpfig und demokratisch. Deutsche und europäische Anwendungen des Theaters der Unterdrückten.* (13-18). Stuttgart: ibidem

Werner, Dominik (2014): *Vorwort.* In Linda Ebbers: *Darstellende Kunst und zivile Konfliktbearbeitung. Das Theater der Unterdrückten als kreative Methode der Konflikttransformation.* (7-12). Stuttgart: ibidem

Wiegand, Helmut (Hrsg.) (2004a): *Theater im Dialog: heiter, aufmüpfig und demokratisch. Deutsche und europäische Anwendungen des Theaters der Unterdrückten.* Stuttgart: ibidem

Wiegand, Helmut (2004b): *Das Lachen im Theater der Unterdrückten.* In ders. (Hrsg.): *Theater im Dialog: heiter, aufmüpfig und demokratisch. Deutsche und europäische Anwendungen des Theaters der Unterdrückten.* (23-39). Stuttgart: ibidem

Wilbers, Ute (2018): *Resonierende Weltbeziehung als Antwort auf Beschleunigung und Entfremdung in der Spätmoderne – Hartmut Rosas Gedankengut als Inspirationsquelle für eine zeitgemäße Entwicklung meines Supervisionskonzeptes.* Masterarbeit. Katholische Hochschule NRW, Abteilung Münster

Wittenberger, Gerhard (2008a): *Aspekte zur Geschichte der Supervision. Forschen, Verstehen und Deuten – Probleme der Erkenntnis.* Veröffentlicht im Internet: URL http://www.fis-supervision.de/wp-content/uploads/2013/10/G_W_GeschichteSV.pdf (Stand 02.01.2019)

Wittenberger, Gerhard (2008b): *Emanzipatorische Praxis – Psychoanalyse – Supervision.* In Forum Supervision: Bilder, Erzählungen, Mythen. 2008/31, 66-76

Wrentschur, Michael / Mazzini, Robert (2004): *Theatre of the Oppressed in Social Fields.* In Gerd Koch / Sieglinde Roth / Florian Vaßen / Michael Wrentschur (Hrsg.): *Theaterarbeit in sozialen Feldern. Ein einführendes Handbuch.* (174-186). Frankfurt a.M: Brandes & Apsel

Zumhof, Tim (2012): *Pädagogik und Poetik der Befreiung. Der Zusammenhang von Paulo Freires Befreiungspädagogik und Augusto Boals ‚Theater der Unterdrückten'.* Münster / New York / München / Berlin: Waxmann

Die Autorin:

Anne Keiner ist Diplom-Heilpädagogin und Supervisorin/Coach (DGSv/IGSV). Ob in der Arbeit in der inklusiven Bildung oder der Clownerie – Theaterelemente spielen nicht nur in ihrer pädagogischen Tätigkeit stets eine wichtige Rolle, sondern auch in der Beratung sind kreative Zugänge und die Einbeziehung des Körpers für sie eine große Bereicherung.

Mehr zu Anne Keiner im Web unter: www.komera-coaching.de

BERLINER SCHRIFTEN ZUM THEATER DER UNTERDRÜCKTEN

Herausgegeben von Harald Hahn

ISSN 1863-2106

1 *Anne Dirnstorfer*
Forumtheater in den Straßen Nepals
Emanzipation jenseits des Entwicklungsdiskurses?
ISBN 3-89821-665-9

2 *Thomas Haug*
'Das spielt (k)eine Rolle!'
Theater der Befreiung nach Augusto Boal als Empowerment-Werkzeug im Kontext von Selbsthilfe
ISBN 3-89821-486-9

3 *Till Baumann*
Von der Politisierung des Theaters zur Theatralisierung der Politik
Theater der Unterdrückten im Rio de Janeiro der 90er Jahre
Zweite, überarbeitete Auflage
ISBN 3-89821-486-9

4 *Jens Clausen, Harald Hahn, Markus Runge (Hrsg.)*
Das Kieztheater
Forum und Kommunikation für den Stadtteil
ISBN 978-3-89821-985-3

5 *Hjalmar Jorge Joffre-Eichhorn*
Wenn die Burka plötzlich fliegt
Einblicke in die Arbeit mit dem Theater der Unterdrückten in Afghanistan
Zweite, überarbeitete und erweiterte Auflage
ISBN 978-3-8382-0472-7

6 *Birgit Fritz*
Von Revolution zu Autopoiese: Auf den Spuren Augusto Boals ins 21. Jahrhundert
Das Theater der Unterdrückten im Kontext von Friedensarbeit und einer Ästhetik der Wahrnehmung
ISBN 978-3-8382-0553-3

7 *Linda Ebbers*
Darstellende Kunst und zivile Konfliktbearbeitung
Das Theater der Unterdrückten als kreative Methode der Konflikttransformation
ISBN 978-3-8382-0566-3

8 *Claus Schrowange*
Art and Conscientization
Forum Theatre in Uganda, Rwanda, DR Congo, and South Sudan
ISBN 978-3-8382-0797-1

9 *Harald Hahn (Hrsg.)*
Theater der Unterdrückten als Mosaikstück gesellschaftlichen Wandels
Einblicke, Ansichten und Projekte
ISBN 978-3-8382-1215-9

10 *Anne Keiner*
Das Theater der Unterdrückten als Impuls für eine emanzipatorische Supervision
ISBN 978-3-8382-1360-6

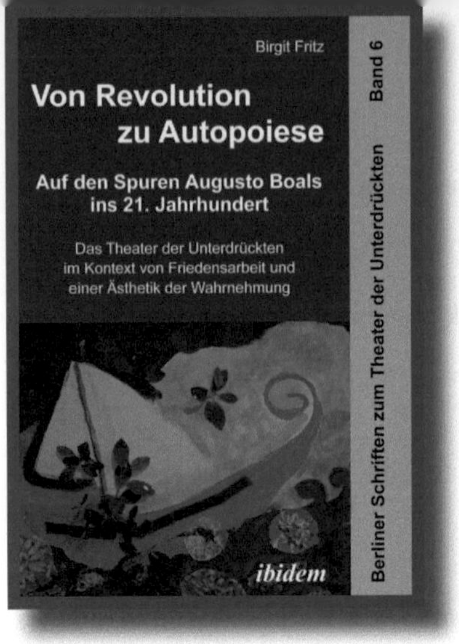

Birgit Fritz

Von Revolution zu Autopoiese:

Auf den Spuren Augusto Boals ins 21. Jahrhundert

Das Theater der Unterdrückten im Kontext von Friedensarbeit und einer Ästhetik der Wahrnehmung

€ 39,90, ISBN 978-3-8382-0553-3
50 Seiten, Paperback

Birgit Fritz untersucht die Entwicklung des Theaters der Unterdrückten, insbesondere die Zusammenhänge zwischen seinen Intentionen und einer Ästhetik der Wahrnehmung. Sie belegt überzeugend ihre Hauptthese, dass das Theater Augusto Boals auch jenseits seines ursprünglichen historischen und gesellschaftlichen Kontexts im 21. Jahrhundert zur nachhaltigen Entwicklung von heilenden und lernenden Gesellschaften beitragen kann. Das als autopoietisch verstandene Theater Boals bietet einerseits Raum für Selbstschöpfung, Wahrnehmungsschulung und Kommunikation, andererseits stellt es auch einen sensiblen künstlerischen Weg dar im Prozess für dynamischen, sich als transrational verstehenden Frieden. Wer auch immer unter Nutzung der Methoden Augusto Boals und verwandter Mittel der emanzipatorischen Bildung mit künstlerischen Mitteln einen Beitrag zu gesellschaftlicher Transformation leisten möchte – gleich, ob im Bereich der Friedensarbeit, Sozialarbeit oder als Künstler_in oder Theatermacher_in –, für den ist das vorliegende Buch ein unverzichtbarer Ratgeber sowohl in praktischer Hinsicht als auch mit Blick auf den theoretischen Hintergrund, die Entstehungsgeschichte des lateinamerikanischen Volkstheaters und seine Bedeutung in einem aktuellen gesellschaftlichen Kontext.

Die vorliegende Forschungsarbeit ist von hoher wissenschaftlicher Qualität, arbeitet erkenntnis- und prozessorientiert und kann als Grundlagenwerk verstanden werden. (Prof. Brigitte Marschall, Universität Wien)

Erhältlich in Ihrem örtlichen Buchhandel, über ibidem.eu oder amazon.de

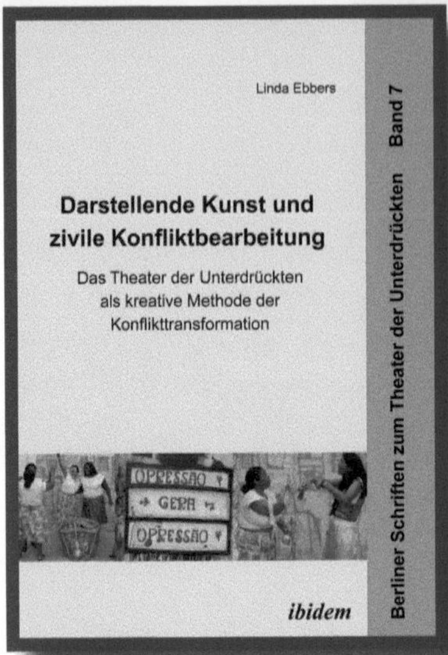

Linda Ebbers

Darstellende Kunst und zivile Konfliktbearbeitung

Das Theater der Unterdrückten als kreative Methode der Konflikttransformation

€ 19,90, ISBN 978-3-8382-0566-3
134 Seiten, Paperback

Kunst und Konflikt – was machen Konflikte in der Kunst, vor allem aber: Was macht Kunst mit Konflikten? Linda Ebbers führt die Bereiche Kunst und Friedens- und Konfliktforschung im interdisziplinären Sinne zusammen und stellt das Theater der Unterdrückten (TdU) in der Tradition Augusto Boals als eine Methode der zivilen Konfliktbearbeitung vor. Sie nähert sich dabei zunächst durch Interviews mit den Mitarbeitern des Zentrums des Theaters der Unterdrückten in Rio de Janeiro und die Beobachtung ihrer Arbeit der Thematik auf illustrative Art und Weise an. Sie untersucht auf Grundlage der Ansätze John Paul Lederachs und Johan Galtungs zur Konflikttransformation die Möglichkeiten und Grenzen des TdU, in diesem Feld wirksam eingesetzt zu werden, und formuliert konkrete Handlungsempfehlungen. Ebbers legt ein kenntnis- und erkenntnisreiches Buch vor zum spannenden Themenkomplex des Friedensstiftens durch Kunst, konkret: durch Methoden des Theaters der Unterdrückten in der Tradition Augusto Boals, mit denen sie sich anschaulich und praxisnah auseinandersetzt und deren friedensstiftendes Potenzial sie beeindruckend aufzeigt. Das Buch wendet sich an Praktiker im und Interessierte am TdU gleichermaßen wie an Konfliktforscher und Theaterpädagogen.

Berliner Schriften zum Theater der Unterdrückten, Band 7

Erhältlich in Ihrem örtlichen Buchhandel, über ibidem.eu oder amazon.de

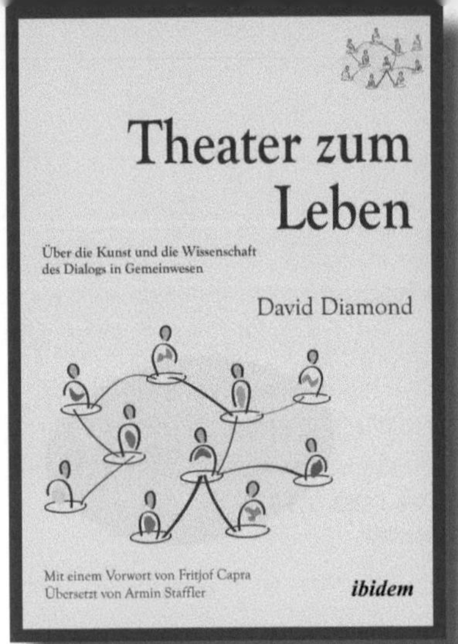

David Diamond
Theater zum Leben
Über die Kunst und die Wissenschaft des Dialogs in Gemeinwesen

€ 24,95, ISBN 978-3-8382-0255-6
350 Seiten, Paperback

Das Theater zum Leben (Theatre for Living) des kanadischen Theatermachers David Diamond entwickelte sich aus dem Theater der Unterdrückten nach Augusto Boal und lenkt die künstlerisch-pädagogische Kraft des Theaters vor dem Hintergrund systemtheoretischer Erkenntnisse in eine Welt jenseits von einfachen Lösungen und gefährlichen Trennungen in Gut und Böse. Es greift die Grundlagen Paulo Freires auf, adaptiert die Methoden Augusto Boals für die Herausforderungen heutiger Gesellschaften und erkennt mit Fritjof Capra die Zusammenhänge lebendiger Systeme, die für ein Leben in einer Gemeinschaft wertvoll sind. Diamonds Buch unterstreicht den Wert des Theaters für einen Dialog zwischen Individuen, zwischen Gruppen und Gemeinschaften aller Art sowie zwischen Kunst und Wissenschaft, und es stellt ein flammendes Plädoyer dar für ein Theater, das nach immer neuen Wegen für ein gelungenes Zusammenleben sucht.

Der Autor:
David Diamond schloss 1975 die Universität Alberta mit einem Bachelor of Fine Arts für Schauspiel ab. 1981 war er Mitbegründer von *Headlines Theatre* und seit 1984 ist er dessen künstlerischer Leiter. Er leitete seitdem an die 500 gemeinwesenspezifische Theaterprojekte zu Themen wie Rassismus, Bürgerbeteiligung, Gewalt, Sucht, Generationenkonflikt und Obdachlosigkeit. Seine Arbeit führte ihn durch Nordamerika und Europa, aber auch nach Namibia, Ruanda, Australien, Brasilien und Singapur. David Diamond erhielt zahlreiche Auszeichnungen, darunter den *City of Vancouver's Cultural Harmony Award*, die Ehrendoktorwürde des University College of the Fraser Valley sowie den *Otto René Castillo Award* für politisches Theater. Sein hier in deutscher Übersetzung vorliegendes Buch *Theatre for Living: the art and science of community-based dialogue* wurde 2008 von der Amerikanischen Allianz für Theater und Bildung ausgezeichnet.

Erhältlich in Ihrem örtlichen Buchhandel, über ibidem.eu oder amazon.de